RETOMANDO LA ESENCIA
AUTOSANACIÓN DE LA CULPA

α.Ω

FUENSANTA CAMPOS MORENO

**KOLIMA
BOOKS**

Título original: *Retomando la esencia. Autosanación de la culpa*

Primera edición: Febrero 2018
© 2018 Editorial Kolima, Madrid
www.editorialkolima.com

Autora: Fuensanta Campos Moreno
Dirección editorial: Marta Prieto Asirón
Maquetación de cubierta: Sergio Santos Palmero
Maquetación: Carolina Hernández Alarcón
Colaboradores: Beatriz del Pino Espinosa

ISBN: 978-84-16994-66-3

*Este libro está dedicado a todas aquellas personas
que durante muchísimos años se han sentido culpables de
cosas, de cosas que no tenían razón de ser,
pues la culpa es inexistente; solamente ha sido utilizada
para alejarnos de nuestra verdadera esencia y tenernos
prisioneros como en una jaula para que no nos
moviéramos de ahí.*

*Para todos aquellos que estáis ahora sufriendo por ese
sentimiento de culpa, a todos vosotros os dedico este libro.*

*Deseo que con él alcancéis la libertad, las alas
necesarias para volar, la paz, la tranquilidad de que todo lo
que habéis hecho ha estado bien y ha sido perfecto
para vosotros y los de vuestro alrededor.*

*Me gustaría que fuerais capaces de no dejar que nadie
nunca más os hiciera sentir culpables de nada y haber
contribuido con este libro a que hayáis vuelto a retomar un
poco más vuestra propia alegría,
si es que la habíais perdido.*

*Con todo mi amor, para que recuperéis vuestra
esencia de Luz, Sabiduría, Amor y Unidad.*

ÍNDICE

PRÓLOGO

Es un gran honor hacer unas breves reflexiones para este libro, *Retomando la esencia*. Lo mismo no soy la persona más adecuada para hacer un prólogo, pero no podía negarme a la afectuosa petición de Fuensanta Campos.

En primer lugar, espero que los lectores capten el mensaje de cada uno de sus capítulos, escritos con el corazón y con una buena motivación.

Todos tenemos una preciosa vida humana. El propósito de esta vida es desarrollar nuestro interior para tener más compasión, amor y bondad hacia uno mismo y hacia los demás. Y, sobre todo, desarrollar un corazón bello y generoso. La belleza física no vale de mucho si no se tiene un buen corazón.

Todos buscamos la felicidad y vivir en paz. Tenemos pleno derecho a ello, pero debido a nuestros engaños mentales, en nuestra búsqueda muchas veces solo encontramos conflicto y sufrimiento en vez de la tan deseada felicidad.

La felicidad se debe trabajar desde el interior, paso a paso. La felicidad no se pude comprar en supermercados ni en grandes almacenes. Nadie la fábrica; ni siquiera es «made in China». Uno mismo debe encontrarla dentro de sí.

En la filosofía budista no se enfatiza la culpabilidad. La verdadera culpa es la ignorancia de no saber ver las cosas tal como son. Por ello, cada uno de nosotros tiene la responsabilidad de despertar la sabiduría y adquirir el conocimiento necesario para combatir a la mente ignorante.

Tanto si somos religiosos como si no, y aunque seamos ateos, lo más importante es valorar nuestra vida e intentar vivirla con dignidad para morir también dignamente y en paz, creamos en Dios, en Alá, en Buda o en nada.

Debemos cuidar nuestro niño interior, como dice la autora, y tratar de llevar a cabo el máximo de acciones, palabras y pensamientos positivos para ayudar a todos los seres.

Con la intención de que este libro sea beneficioso y ayude a abrir el corazón y a aumentar el conocimiento sobre uno mismo, deseo paz, salud y armonía para todos.

THUBTEN WANGCHEN,

Director de la Fundació Casa del Tíbet de Barcelona

EL NACIMIENTO DE ESTE LIBRO

Este libro es un manual práctico lleno de preguntas y ejercicios realmente fáciles de seguir y realizar. Con ellos lo que hago es invitaros a retomar vuestro propio poder, a recuperar la parte de vuestro niño interior y, sobretodo, a sanar la culpa.

Cuando Álvaro Remiro Esnoz, historiador, profesor y terapeuta, diplomado en Astrología Hermética y Alquimia, entre otras cosas, me propuso hacer el trabajo del perdón, sinceramente pensé que estaba loco si pensaba que yo encontraría setenta cosas por las que me sentía culpable. Pero me retó, y como arquetipo de fuego que soy, si me retan...

Recuerdo que me dijo: «Seguramente a mitad de semana te habrás cansado y no lo acabarás».

Ya sabía él que, con ese reto, yo lo acabaría.

Empecé a buscar las setenta cosas que me hacían sentirme culpable; en realidad eran las que tenía que perdonarme a mí misma, que era lo mismo.

Al principio me costaba, pero de repente comencé a ir súper rápido; al cabo de dos horas conseguí setenta y habría conseguido setenta más, aunque no era necesario. Cosas tontas venían a mi mente, hasta imágenes de cuando era niña, que me hacían sentir culpable. Os pondré un ejemplo:

«Yo me perdono por no ser la clase de hija que mis padres querían que fuera».

Un padre siempre desea que su hijo sea médico, abogado, maestro... y realmente no sé lo que ellos querían, pero a veces nos culpabilizamos por todo sin saber por qué.

Gracias al resultado de ese trabajo ha salido este libro. Tengo empezados tres más, pero una noche soñé que este tenía que ser el primero. Yo no sabía qué tenía que poner; ni siquiera elegí el nombre o la portada ya que en el sueño venía todo en un «pack»: colores, el dibujo de la portada, el título... Así que para sorpresa mía cogí un bolígrafo y papel y empecé a escribir como si de un dictado se tratara, sin borrones, una línea tras otra, y así surgió este libro.

Gracias, Álvaro Remiro por enviarme este maravilloso trabajo.

¿QUÉ ES LA CULPA?
α.Ω

Para poder comenzar es importante aclarar qué entendemos las personas por «culpa». He sacado estas definiciones de varios diccionarios y me gustaría compartirlas con vosotros.

Significado de culpa en el diccionario[1]:

- Falta cometida conscientemente, pero sin intención de perjudicar

- Responsabilidad que acarrea un acto realizado incorrectamente

- Causa o motivo de un hecho que provoca un daño o prejuicio

- Inocencia, falta que comete una persona voluntariamente. «Pagó su culpa en la cárcel»

- Responsabilidad de un hecho negativo en perjuicio de alguien o algo. «Es inocente, no tiene culpa alguna»

- Atribuir la responsabilidad de una culpa negativa a alguien. «Le echaron la culpa del desorden de la oficina»

- Expresión latina que significa «por mi culpa» y se usa para asumir una responsabilidad. Hago «*mea culpa*» por lo sucedido

---

1   Diccionario Manual de la Lengua Española. Vox 2007, Larousse Editorial, S.L. 2013 k Dictionaries Ltd.

¿CULPA O RESPONSABILIDAD?

α.Ω

Todo el mundo, desde los ancestros, las razas o las religiones, conoce el significado y la existencia de la palabra «amor». Nacemos del amor y nos marchamos llenos de amor con todo lo vivido a lo largo de nuestra vida, pues el amor además es lo único que nos llevaremos con nosotros al partir.

Entonces, si todo es amor, si todos lo hacemos lo mejor que sabemos, ¿quién inventó la palabra culpa y con qué fin?

Pues probablemente lo hiciera alguien que quería dominar y que quería poder, alguien que estaba en contra de que las personas fuéramos libres, libres de actuar, pensar y amar. Cuando nos sentimos «culpables» estamos condenados al miedo, al sufrimiento, y con eso nos mantienen paralizados por miedo a equivocarnos y a recibir toda esa carga sobre nuestras espaldas.

Cuando comprendemos que no somos culpables de nada, que lo hacemos lo mejor que sabemos, que no hemos de castigarnos y que nadie tiene derecho a juzgarnos, empezamos a comprender y a vivir de una manera diferente.

Entonces empiezas a sentirte libre y responsable de tus actos, aunque, eso sí, como responsable puedes equivocarte cien veces y también volver a intentarlo cien más. Eres libre de decidir, pensar y actuar. Libre de elegir tu vida y de ser feliz.

Nadie tiene derecho a juzgar. Al juzgar no te están haciendo responsable sino culpable; por lo tanto, si la culpa no existe, el juicio no es válido.

Una crítica ha de ser constructiva y ayudarte a crecer, sino no sirve para nada. (Aunque siempre debes asegurarte, incluso si es constructiva, de que la otra persona quiere escucharla.)

Te invito a hacer un pequeño ejercicio si te apetece:

Ahora que nadie te está escuchando, puedes ser sincero y ser tú mismo.

Haz memoria; imagínate o recuerda alguna cosa por la que te sientes culpable, aunque creas que es una tontería, y repite:

–Yo me siento culpable por...

Ahora cambia la misma frase y repite:

–Yo me siento responsable de...

Observa dentro de ti qué cambia al sustituir una palabra por otra.

La libertad se conquista desde el interior.

Si miramos bien, no hay ni una sola vez en la que ponga «culpa» que no pueda sustituirse por la palabra «responsabilidad»; es más, en algunas definiciones a la «culpa» la llaman directamente «responsabilidad».

Culpa, a mi entender, es algo genérico y volátil. ¿A quién puedes reclamar una culpa? En cambio, sí puedes reclamar una responsabilidad.

En el ámbito del derecho, la culpa hace referencia a la omisión de diligencia exigible a un sujeto. Esto implica que el hecho dañoso que se le imputa motiva su responsabilidad civil o penal.

O sea que la palabra «culpa» vuelve a recaer en la palabra «responsabilidad».

Para la psicología, la culpa es una acción u omisión que genera un sentimiento de responsabilidad por un daño causado.

Ahora voy a ir cambiando el orden de algunas frases. Sería bueno que observaras tu sensación interna al pronunciar unas u otras. Las he extraído igualmente de distintas definiciones de culpa:

«Es culpa suya/*Es responsabilidad suya*».

«La culpa fue de los frenos/*Los frenos fueron los responsables*».

«Nadie tiene la culpa/*Nadie es el responsable*».

«Tú tienes la culpa/*Tú eres el responsable*».

«Pagó su culpa en la cárcel/*Es responsable y se le ha sentenciado a la cárcel*».

¿Notas algún cambio?

Los sinónimos que se le asignan a la palabra «culpa» me parecen también muy poco acertados:

Culpa: delito, pecado, cargo de conciencia, debilidad.

La culpa, el delito y el pecado son voluntarios. El delito sería contra las leyes humanas y el pecado contra la ley divina.

Pero, yo me pregunto: ¿son realmente voluntarios?

Por ejemplo, una persona va conduciendo y sufre un infarto de repente. Provoca un accidente y causa daños a otras personas. ¿Le considerarán culpable aunque el suceso sea involuntario y esa persona no levante ya cabeza de por vida?

¿No sería mejor considerarle *responsable* en vez de *culpable*?

Otro ejemplo: una madre está obsesionada con hacer estudiar a su hijo y luego al hijo no le gusta la carrera universitaria que elige y le echa la «culpa» a la madre.

¿La madre ha actuado deliberadamente? Ella actúa conforme a todo lo que ha aprendido en su vida, en la familia en la escuela, en la sociedad...

Esa madre solamente escucha que es culpa suya, pero yo no creo que haya actuado así de manera consciente.

Y ahora no entro en la actitud del hijo, quien, en vez de culpar a su madre, debería ver qué lo ha llevado a no hacerse responsable de su propia vida y a elegir su propio camino.

La madre no es culpable de algo que no sabe hacer mejor; puede ser *responsable* de actuar de esa manera pero nunca *culpable*.

Los padres lo hacemos siempre lo mejor que sabemos para educar a nuestros hijos, que ya es muy difícil con la cantidad de culpa, normas y leyes que nos han inculcado en vez de habernos enseñado a liberarnos de pesos, en vez de habernos enseñado valores, a intentar ser lo mejor de nosotros mismos, a ser cómo queremos ser en realidad y a hacer lo que nos gustaría hacer.

No existe la culpa. Actuamos sin maldad, movidos más bien por la ignorancia de no haber encontrado otras maneras de hacer y, sobretodo, movidos por el miedo: miedo a lo desconocido, miedo a tener que ser valientes, miedo al qué dirán, miedo, miedo, miedo...

Y frecuentemente nos pasamos la vida buscando culpables de todo para así no tener que asumir nuestra propia responsabilidad.

Hemos oído muchas veces a padres echándose la culpa mutuamente cuando un hijo no sale como ellos esperaban. Cuando hay una separación, siempre el culpable es el otro o una tercera persona. En el trabajo, cuando algo no sale bien, es culpa del jefe o del compañero. Tenemos que dejar de buscar culpables en todo, mas no lo conseguiremos hasta que nosotros mismos no dejemos de sentir esa «culpa».

Os voy a explicar una cosa que me ocurrió a mí.

Un día iba yo a casa de mis padres; la calle estaba en obras y justo cuando llegaba al otro lado me caí.

Me rompí un tendón del brazo izquierdo, con lo cual era incapaz de levantar la mano o el brazo sin la ayuda de la otra. Comencé un vía crucis de médicos. Cuando uno se encuentra mal es muchísimo peor el mareo de médicos y papeles que el propio dolor pues uno necesita las energías para recuperarse y no para pasearse de un lado a otro. Los tres a los que me enviaron coincidieron en que debía operarme, pero yo no sentía deseos de hacerlo aunque tenía unos dolores intensos. Nunca pensé que eso podría doler tanto, aunque cuando a uno le duele algo ese es siempre el peor dolor.

Tras tres semanas sentada en la cama de noche sin poder pegar ojo, opté por buscar otras terapias alternativas mientras decidía lo de la operación. Así encontré a Daniel. Entré en su casa y cuando salí podía levantar el brazo hasta la mitad. Con dos sesiones más estuve bien, a pesar de que el último doctor que me había hecho una revisión me dijo: «Opérate si quieres, pero que sepas que muchos no quedan bien. Piénsatelo».

No hizo falta. El brazo mejoró. Yo, que había estado trabajando en un centro de rehabilitación, había visto personas operadas que ni siquiera podían levantar el brazo para peinarse mientras que yo lo levanto perfectamente, me peino, etc.

La gente empezó a decirme que denunciara al ayuntamiento, que era culpa suya tener así la calle; muchísimas personas me dijeron eso. A mí siquiera se me había ocurrido buscar culpables. Entonces me di cuenta de que lo que ocurre siempre es consecuencia de lo que hacemos; yo vi que la calle estaba en obras, se veía por todas partes, y sí, quizás en esa parte no se veía bien pero, ¿tenía la culpa el ayuntamiento de que yo fuera pensando en las musarañas? Pues eso es exactamente lo que yo iba haciendo.

Me responsabilicé de mí misma y supongo que por ello se me fueron dando bien las cosas hasta llegar a Daniel y curarme.

Cuando uno hace lo que ha de hacer; el Universo siempre conspira a su favor y le da las cosas necesarias para la solución que requiere.

Puede ser que a veces no sanemos porque debamos pasar por ahí por algún motivo o tengamos alguna lección que aprender, pero cuando la aprendemos todo cambia; puede que la enfermedad continúe pero la manera de sobrellevarla cambiará a mejor e incluso muchas veces la dolencia sanará.

Responsabilizarnos de nuestros actos nos hace sentirnos más felices.

Esto no quiere decir que en otras circunstancias lo que me pasó no hubiera sido denunciable; por ejemplo, una alcantarilla sin tapar o un pilón que se te cae encima del pie. No sé entonces qué habría hecho yo y no juzgo a los que denuncian porque cada uno ve la situación de una manera diferente. Yo explico lo que me ocurrió a mí y cómo lo vi yo.

Es igual que cuando nos inventamos bajas por enfermedad e incapacidades para cobrar una paga; actuando así es posible que uno acabe siendo inútil de verdad. Conozco a personas que lo han hecho —y bastantes—, y de estar simplemente con un dolorcillo empeñarse en operarse y quedar mal solamente porque querían obtener una compensación segura. A veces el miedo nos hace optar por cosas que de otro modo nunca habríamos hecho ni nos hubiéramos dejado hacer.

Pero como vengo diciendo, cada uno ve las cosas a su manera y no hemos de juzgarnos; esto que yo explico es únicamente mi punto de vista por si a alguien puede ayudarle en algo.

La responsabilidad nos hace más libres. Delegar en otros sin decidir nada, dejándote llevar, no te hará más feliz, y si no sale bien siempre echarás la culpa a los demás.

Conozco muchas parejas en las que uno nunca decide y delega todo en el otro. Si todo sale bien ¡ooooléee!, todo son aplausos. Pero ¡ay como algo salga mal! El otro ya se puede esconder y taparse los oídos porque recibirá todas las culpas.

¿Conocéis casos así? Seguro que sí.

Cuando uno no toma decisiones siempre le echa la culpa a otro.

Acumular sentimientos de culpa y sostenerlos en el tiempo siempre acaba degenerando en enfermedad. Pero tienes la opción de ir transformando esos sentimientos y esa es una parte de la intención de este libro: transmutar todo eso que nos han inculcado desde hace miles de años y conseguir, en buena parte, recuperar la salud.

Porque buscar culpables fuera es seguir creando una sociedad irresponsable.

Quizás estemos enfocados hacia una educación desde el exterior y no interior. Quizás estamos intentando ser y hacer réplicas de otros y no ser piezas únicas y valiosas, diferentes unas de otras pero todas necesarias.

Somos piezas de un puzle, todas ellas importantes y necesarias, que encajan perfectamente en el diseño original. Y donde solamente falte una, seremos un diseño incompleto. No estaremos felices hasta que la última pieza del puzle, o la última persona, encaje perfectamente en ese gran puzle. Si creamos piezas repetidas, nunca lo completaremos.

Por lo tanto, no quieras que tu hijo sea como otros hijos, o que tu marido sea igual que otros o tu mujer igual a las demás; acepta a cada uno como la pieza única que es y ayúdalo a ser responsable de su propia vida. Es la única manera de que todos encajemos en ese gran puzle.

Solo liberándonos de la culpa conseguiremos ser felices.

Nadie puede controlarnos con ella ni decirnos qué está bien y mal, pues el bien y el mal solamente los juzga el hombre. Las situaciones son buenas o malas según nosotros les demos ese significado, pero no son más que situaciones de aprendizaje, de camino, ni buenas ni malas, sino que simplemente son. Aceptarlas y no juzgarlas nos da el control de nuestra propia vida a nosotros mismos y no a los demás.

«Aún entre los árboles más espesos, siempre entra un rayo de sol. Pósate en él, abre tus propias alas y vuela hasta la libertad».

LA CULPA COLECTIVA COMO MEDIDA DE CONTROL
α.Ω

La palabra «culpa» es utilizada por la sociedad para hacer que la persona pierda autoestima y recaigan sobre ella las consecuencias de actos que todos los demás también hacemos a escondidas.

«Culpa» es una palabra que a menudo lanzamos sobre otra persona sin pararnos a observar qué hay detrás de su comportamiento, sin darle la oportunidad de expresar su propia verdad, una palabra o una actitud con la que condenamos a alguien, a veces de por vida.

Cuando observamos qué nos viene a la cabeza al escuchar esta palabra, a muchos nos vendrá la imagen de Adán y Eva. Con ellos nos inculcaron el sentimiento de culpa, la expulsión del Paraíso, la idea de que la parte masculina y la femenina están divididas y situadas fuera de nosotros, así como el concepto del bien y el mal, cuando el Paraíso está dentro de nosotros y no fuera. El regreso del «hijo pródigo» no es más que el reencuentro con nosotros mismos, es la vuelta a casa, al Padre; es decir, a nuestra esencia pura.

Cada valor (la vida y la muerte, el amor o el dolor, la generosidad o la tacañería...) tiene su limitación, mas todo forma parte del Todo; da igual si Adán dio a

Eva o Eva dio a Adán, qué más da. Todo son imágenes para que podamos comprender y que han sido utilizadas por algunos en beneficio propio.

Nunca fuimos expulsados de ninguna parte. Nunca fuimos juzgados. Las dos partes están dentro de nosotros; solo hemos querido experimentar con el libre albedrío. No hay enfado ni expulsión. No hay culpables. La manzana –la tentación– está en todos los aspectos de nuestra vida y todo ocurre dentro de la casa del Padre, dentro del Todo; es decir, dentro de nosotros, pues de él formamos parte todos.

Nosotros somos los únicos responsables de nuestros actos. Aceptar y coger las riendas de nuestra vida nos hace vencer las tentaciones, sean estas las que sean, incluidas las adicciones.

La tentación no es más que una opción de aprendizaje que nos falta y por eso está ahí. No te tienta aquello que ya tienes aprendido. Resuelves las cosas de los demás porque las ves desde fuera y esas les tocan a ellos y no a ti. A ti te toca siempre aquello que no sabes resolver. ¿Te preguntas por qué?

La serpiente es nuestro propio poder que se muere de ganas por volver a ser recuperado. Embellécelo y reconquístalo, pero no desde el ego, sino aceptando todas esas cosas que no te gustan de ti. No pasa nada por tenerlas; todos hemos venido con ellas, si no no estaríamos aquí.

Respecto al ego, muchas veces escuchamos que hemos de matarlo o expulsarlo de nosotros, pero no es así; no hay nada que expulsar, solamente aceptar. Todo forma parte del Todo y el ego también. Acéptalo, reconócelo y reconcíliate con él.

Eres quien eres. No necesitas explicaciones ni justificaciones porque ya eres parte del Todo.

Durante muchísimos años hemos sido controlados; nos han dicho lo que estaba bien y mal, siendo también juzgados colectivamente desde una mala interpretación de la Biblia en la que nos han hecho creer para mantenernos en la ignorancia.

Ha sido una manera de controlar a la sociedad, una forma de aprovechar el poder para conseguir el propio beneficio. Y no hablo aquí de nadie en particular, pues todos somos humanos y como humanos también recae sobre nosotros el sentimiento de culpa pues lo llevamos demasiado grabado dentro.

Hay personas que hacen el bien en todas partes y se dedican a los demás en cuerpo y alma, y en la Iglesia también los hay.

Algunos prometen un «celibato» casi imposible de cumplir, y eso los lleva a sentirse también culpables al tener que llevar una vida en la que Dios y el amor están divididos, cuando deberían estar unidos. Muchos acaban con enfermedades que podrían ahorrarse sin ese sentimiento de «culpa».

Los humanos somos polígamos por naturaleza. Muchas veces hacemos juramentos de fidelidad que están condenados al fracaso, pues este solo puede ser decidido por cada persona desde el fondo de su alma y no por imposición.

Esa es la palabra «culpa» con la que señalamos con el dedo todo lo que a nosotros nos parece inadecuado, desde el punto de vista que nos han enseñado. Porque si miramos con los ojos de un niño todo es adecuado; no existe la culpa. Los niños no juzgan si algo está bien o mal; pueden enfadarse y a los dos minutos haber perdonado porque en el fondo saben que no hay nada que perdonar.

Cuando culpas a alguien de algo puedes inventarte mil razones por las cuales te crees con derecho a juzgar; en cambio, si solamente creyeras que es responsable de algo ahí ya no entraría la inventiva... Y si no, prueba con cualquier ejemplo que te venga a la cabeza.

«Mario se ha separado de su mujer; pero claro, no me extraña, la culpa la tiene él porque estaba con unas y con otras siempre, hasta que se ha ido con otra; pero cuando se canse de ella la dejará y entonces se dará cuenta de lo que ha perdido, etc.»

Esta gran capacidad de imaginación y creatividad deberíamos canalizarla en algo más fructífero.

Si entendiéramos que Mario es responsable de su propia vida y que como tal tiene derecho a elegir lo que cree que es mejor para él, ahí se quedaría la historia: la culpa no existiría ni recaería sobre nadie. Debemos aprender a no juzgar.

Siempre recuerdo que, cuando estudiaba Antropología, me causó un gran impacto y una gran liberación estudiar las razas y culturas diferentes; me quitó muchos prejuicios de encima comprender que lo que nosotros vemos y juzgamos como malo, en otras culturas es muy diferente, y que probablemente ellos nos juzgarían a nosotros de la misma manera si les enseñáramos nuestra forma de vida.

Lo que nosotros juzgamos como inmoral, para otras culturas tiene sentido. Así, la presencia de co-esposas o co-maridos altera el peso del cuidado de los niños que incumbe a un progenitor en concreto. Por ejemplo, los padres de la era industrial tienen la preocupación de qué hacer con sus hijos cuando ambos van a trabajar mientras que esas culturas tienen la solución incorporada.

Viendo y ampliando nuestra mente, conociendo otras maneras de hacer y de pensar, que no son ni mejores ni peores sino simplemente diferentes, dejaríamos de juzgar tantas y tantas cosas. He escogido este tema pero en realidad me refiero a cualquier cosa que estemos juzgando: podría ser considerar si la medicina es buena o mala, y sería lo mismo: no es buena ni mala, sino lo que cada uno necesita, lo que hay que dar en un momento diferente y todo es necesario mientras no hayamos dado un giro completo hacia los nuevos tiempos.

A veces queremos que los demás cambien o nosotros mismos cambiemos algo y creemos que la mejor manera de hacerlo es de forma radical. Si no creemos en un tipo de medicina, la juzgaremos y la machacaremos porque lo nuevo es esto. No creemos en un gobierno y queremos algo radicalmente diferente y nos vamos al otro extremo porque eso ha de ser lo nuevo; pero los cambios no se hacen de forma radical, sino que pasaremos de lo viejo a lo nuevo aplicando cosas de cada una de las dos partes, hasta que lo nuevo se vaya implantando poco a poco y sea mucho más efectivo que lo anterior.

Entonces dejemos de culpabilizarlo todo. Que los demás lo hagan no te excusa para hacerlo tú. El cambio está en ti. Incorpora las cosas a tu ritmo, sin juzgar a nada ni a nadie, sin culpabilizar a una persona, a un gobierno, a un grupo y mucho menos a ti mismo por no reaccionar como la sociedad espera de ti.

Justamente hoy llega a mis oídos, a través de la TV, que los padres de un niño que ha sido ingresado por un caso de difteria se sienten muy culpables por no haberle vacunado y dicen que se dejaron llevar por los demás.

Pues bien, todos lo hacemos lo mejor que sabemos. Ellos creyeron que eso era lo mejor para su hijo. ¿Por qué sentirse culpables? ¿Alguien les puede asegurar que si lo hubieran vacunado habría sido diferente? Yo no vacuné a mi hija de varicela y la pasó como todo el mundo. Supimos que era varicela porque el pediatra nos lo dijo, pero apenas le salieron granos, mientras niños perfectamente vacunados estaban con la cara y el cuerpo completamente cubiertos de erupciones.

Así que si vacunas a tu hijo y sale mal, te sientes culpable.

Si no lo vacunas y se pone peor, también te sientes culpable.

Pues deja que te explique que no eres culpable ni de una ni de otra situación, ya que tu hijo al venir a este mundo sabía exactamente lo que necesitaba y por eso te eligió a ti. Tú no eres más que un canal para darle aquello que él te está pidiendo, y tú únicamente y de forma inconsciente representas ese papel que necesita él. Eres parte de su obra, te guste o no. No tienes porqué creerme si no lo deseas pero al menos permítete dudarlo para dar lugar a que algún día la respuesta llegue a ti.

Un día soñé una frase, no sé si ya estará inventada o no, pero a mí me gustó bastante:

«Cuando crees que sabes todas las respuestas, el cielo te trae nuevas preguntas».

Hagamos las cosas con congruencia y olvidémonos del resultado, pues si hacemos las cosas coherentemente el resultado siempre será el mejor para ti, y si es lo mejor para ti también lo será para los de tu alrededor, les guste o no.

Por tanto, no te castigues pensando que tenías que haber actuado de una u otra manera. Ya pasó; lo que fuera ya pasó. Tómalo como un aprendizaje y sigue hacia adelante. No te equivocaste, solo estabas aprendiendo.

Dejemos que las cosas fluyan aportando nuestro granito de arena particular allí donde sea necesario en cada momento y olvidémonos de «si lo he hecho bien, mal, correcta o incorrectamente». Vivamos y dejemos vivir. La vida es más sencilla, más fácil, más fluida cuando no juzgas y simplemente ¡vives!

La culpa colectiva solamente sirve para mantenernos presos en una realidad en donde no eres más que un número para beneficio de otros... Hacernos sentir culpables es una manera de tenernos dominados. Hacemos lo que se supone que los demás quieren de nosotros, lo que se supone que es lo correcto, igual que un rebaño de ovejas. Todo lo que no podamos dar por válido y correcto lo utilizaremos para hacer sentir culpables a los demás. Generando ese sentimiento de tristeza y depresión se consigue dominar a las personas, que pierden sus sueños y la libertad que les pertenece por derecho propio y que es necesaria para ser felices.

Sé tú mismo, existe, tienes derecho a decir «no», a acertar o a equivocarte, pero el derecho es tuyo; nadie puede influirte si no quieres y solamente así serás feliz.

Ahora me vienen a la cabeza algunas personas de esas que insisten en que hagas lo mismo que ellas o que se ciegan con otras personas, grupos, o que idolatran a alguien diciendo que eso es «lo mejor»... Y así algunos consiguen tener cientos de seguidores que no piensan, simplemente porque otros les han dicho cualquier cosa y ellos se lo han creído.

Cuando te digan que la verdad absoluta la tiene alguien, discrepa. No voy a decirte lo que has de hacer, pero sé lo que hago yo.

Cada uno mira por una ventana del tren y percibe un trocito de la realidad.

Salir de esa rueda colectiva en la que te hacen sentirte culpable cuesta, pero el precio que obtienes con la libertad es maravillosamente inmenso. Cuando llegues al final de tu vida no tendrás los «Y si...» o tendrás los menos posibles.

«Y si hubiera hecho...» ¡Hazlo! No esperes más.

Deja que los que quieran seguir autoengañados sigan así, juzgando o ignorando, pero lo importante es que tú seas tú mismo, único, auténtico, maravilloso y con todo el derecho a retomar la felicidad que está dentro de ti. Consigue tus sueños; da igual que sean grandes o pequeños, da igual que otros los vean bien o mal; tú eres el protagonista de tu propia historia.

No eres culpable de nada, simplemente eres libre de experimentar aceptando las consecuencias de tus decisiones y responsabilizándote de ellas.

La sociedad nos culpa y juzga por aquello que no entiende. Hablamos de *bullying* en el colegio, pero el *bullying* está por doquier. Cuando juzgamos, inventamos cosas, difundimos aquello que nos dicen sin saber si es real o no, sin comprobarlo siquiera, y así estamos generando un daño a aquello o a esa persona que estamos criticando. Muchos acaban con su propia vida por estar en una sociedad que no los comprende y los juzga, diciendo lo que pueden o no pueden hacer, lo que está bien o no, la gente de un pueblo donde todo lo que se sale de sus márgenes está mal y se cree con derecho a juzgar. Pero claro, a esto no se le llama *bullying*. Sin embargo, la única diferencia que veo respecto al acoso escolar es que nosotros ya podemos defendernos por nosotros mismos, aunque muchas veces no lo hacemos porque es demasiado cansado y doloroso.

Pero podemos discernir y retomar las riendas de nuestra vida.

Hay que decir ¡BASTA YA!

Esta es una época de cambio, de colaboración, de conectar de corazón a corazón. Es una época en la que hemos de irnos desprendiendo del miedo; hay que dejar espacio a la creatividad, a las nuevas ideas, a nuevas maneras de pensar y actuar.

Hay que recuperar nuestro propio poder en todos los campos, no como mujeres u hombres, sino como seres de luz que somos.

Las ideas tradicionales de la religión, la política, la medicina; todo está caduco. Hay que ir reemplazándolas poco a poco e ir introduciendo cosas nuevas. Pero recuerda que los cambios radicales tampoco llevan a ninguna parte.

Dios no está fuera de nosotros, sino dentro de nosotros. Todos somos Dios.

Tomaremos el empoderamiento y las riendas de nuestra vida y así conseguiremos auto-sanarnos.

Elegiremos cómo queremos vivir y morir hasta donde dependa de nosotros, pues siempre hay cosas que se escapan a nuestro entendimiento.

Gobernaremos en cooperación y no solamente en interés de unos cuantos.

Todo esto no se consigue en un solo día, pero solamente de nosotros depende vivir el presente y tomar nuestra propia responsabilidad para que suceda.

El sentimiento de culpa es uno de los mayores problemas que tenemos sin resolver hoy en día, ya que hacerlo sería retornar directamente a nuestra esencia.

La culpa no existe, simplemente es responsabilidad.

«Yo soy el capitán de mi alma
y el dueño de mi propio destino».

WILLIAM ERNEST HERLEY, en *Invictus*

EL BIEN Y EL MAL
α.Ω

El bien y el mal están dentro de nosotros; son las dos caras de la misma moneda.

Si no conocemos el significado de la oscuridad ¿cómo podremos apreciar lo que es luz?

Así, si todo forma parte de la misma unidad ¿quién decide lo que está bien y lo que está mal? ¿Dónde está el baremo que mide todo eso?

Una experiencia simplemente es una experiencia; nosotros somos los que la juzgamos como buena o mala, quienes le ponemos la etiqueta.

El pensamiento es el que juzga, pero hemos de entender que el pensamiento de cada uno lleva una carga de experiencias vividas diferentes y configuradas según la propia mochila. Así como uno lo ha vivido o aprendido, ya sea por experiencia o por sus creencias, así es como diferenciará lo que está bien y mal.

Entonces, si todo está etiquetado según la maleta que cada uno llevamos, ¿podríamos decir con seguridad lo que es bueno o malo para los demás? ¿Podemos saber qué experiencia ha de vivir esa persona para su propia evolución si muchas veces no sabemos ni siquiera las que necesitamos para nosotros mismos?

Conozco muchísimas parejas que siguen juntas por el qué dirán, por los hijos, por el estatus social; no se atreven a separarse y viven una vida que no es su vida sino la que creen que los demás quieren que sea. Y, en algunos casos, bastante frecuentemente, viven una doble vida, lo cual les provoca sentimientos de culpa y estrés.

Hacemos lo que creemos que es lo correcto para otros, pero nos olvidamos de que casi nunca lo correcto para otros es lo correcto para nosotros. No investigamos posibilidades, no vemos más allá de lo que conocemos, porque si estudiásemos más opciones descubriríamos bastantes lugares en donde lo normal es exactamente lo contrario de lo que nosotros pensamos.

Damos constantemente el poder a los demás, colocándolos en el lugar de Dios, como si tuviéramos que obedecer lo que ellos dicen, olvidándonos de que Dios habita en nosotros y que nosotros somos una parte de Él, con lo cual nosotros y solamente nosotros hemos de tener la valentía de dirigir nuestra propia vida sin importar lo que piensen los demás.

Tú y solo tú sabes, aunque no seas consciente de ello, lo que tu alma necesita para su aprendizaje y evolución.

Un día avanzaremos un paso más en la vida, que será a través de la muerte física, y en ese paso nadie se planteará si ha sido feliz o no. Simplemente nos juzgarán diciendo cosas como: «Era un buen hombre, un bala perdida, un irresponsable» o «un hombre que trabajó muchísimo». Pero ¿cuántas veces nos hacemos la pregunta de si esa persona ha sido o no feliz?

Escucharemos quizás «¡qué desgraciado fue!», pero nunca he oído «¡qué feliz fue!» Eso parece que nadie es capaz de verlo.

No podemos ser felices si dejamos de hacer las cosas que creemos importantes por el qué dirán y por los prejuicios, por lo que otros creen que es bueno o malo. Pero es a ti mismo a quien pasarás cuentas al final de tus días.

Y, hagas lo que hagas, te criticarán.

Te lo contaré con una historia:

Había una vez un anciano y una mujer que tenían que ir al pueblo a comprar. Decidieron ir juntos, pero solamente tenían un burro, así que se subieron los dos en él y empezaron a avanzar. Al pasar por delante de un grupo de gente oyeron que decían: «¡Pobre burro, cuánta carga!», así que uno decidió bajarse, y se bajó la mujer. Más adelante encontraron otro grupo de personas que al verlos exclamó: «¡Fíjate qué machista! Él en el burro y la pobre mujer andando». Al escuchar eso decidieron que él se bajaría y que sería la mujer la que se subiría de nuevo al burro. Al pasar por otro lugar alguien exclamó: «¡Esa mujer no tiene compasión! Pobre anciano, él andando y ella bien sentadita en el burro». Total, que al final los dos decidieron ir andando pero aún así no se libraron de los comentarios: «¡Vaya par de tontos! Teniendo un burro y van los dos andando».

¿Dónde están el bien y el mal? En nuestra mente, dependiendo a dónde miremos.

A veces cada uno de nosotros llevamos todas las posturas de la historia del burro.

Así que haz en la vida lo que decidas hacer y acepta que nunca lloverá a gusto de todos. Lo importante es que tú entiendas lo que haces; los demás siempre lo verán de diferente manera.

En un tren encontraremos montones de ventanillas pero nunca veremos lo mismo desde cada una de ellas, pues observaremos un trocito diferente del todo, aunque no por ello será menos real y verdadero. Los que van a un lado dirán que no existe lo que los otros ven, simplemente porque por su lado no se ve, aunque esto no quiere decir que no exista para los que miran por otro lado; pero ellos tienen también su parte de razón al verlo desde una diferente perspectiva. Todos tienen razón desde donde miran. La vida es distinta dependiendo del nivel de evolución de cada uno. Entonces yo me pregunto: ¿vale la pena discutir?

La verdad es que nunca vale la pena, pues discutir es querer llevar la razón y eso forma parte del ego. Aceptar al otro, comprenderlo y ponerse en su lugar, eso es lo que forma parte de la esencia.

Como en el cuento anterior yo a veces me he sentido el burro: no sabía a quién tenía que cargar para gustar a todo el mundo y esto seguramente también os habrá pasado a más de uno. Por cierto, hiciera lo que hiciera siempre había alguien al que no le gustaba.

Eso también pasa en todos los aspectos de la existencia y en las parejas en la vida real.

Una vez me decía un señor:

«A mi mujer no puedo entenderla: si la ayudo en la cocina se queja porque no lo hago a su manera. Si le digo de ir a cenar por ahí, que vamos a gastar un dinero que no nos sobra. Si me llevo a los niños de paseo, que si a ella la dejo sola y abandonada. Si me la llevo a la montaña, que vaya sitio para llevarla, que allí no hay nadie...»

Total, que el pobre hombre ya no sabía qué hacer; su matrimonio era un desastre y él se sentía culpable de que eso fuera así. ¿Qué opción tenía?

Su mujer era un espíritu «incontentadizo». A él lo único que le quedaba era hacerse cargo de la situación, responsable de sí mismo y VIVIR, que a eso hemos venido, a vivir. Haz lo que te haga feliz a ti. Si coincides con tu pareja o con los amigos y puedes llegar a un acuerdo «un día por ti y otro por mí», que eso es amor, pues bien, pero si no, haz lo que te haga feliz a ti. Cuando estás con un espíritu imposible de contentar nunca acertarás. Es responsabilidad tuya llegar al final de tu vida como tú quieres, pues no son los demás los responsables de lo que no seas capaz de hacer tú.

Os explicaré otra historia.

El dios Vishnú estaba tan harto de las continuas peticiones de su devoto que un día se apareció ante él y dijo:

–He decidido concederte las tres cosas que desees pedirme; después no volveré a concederte nada más.

Lleno de gozo, el devoto hizo su primera petición sin pensárselo dos veces. Pidió que su mujer muriera para poder casarse con otra mejor y su petición fue inmediatamente atendida.

Pero cuando sus amigos y parientes se reunieron para el funeral y comenzaron a recordar las buenas cualidades de su difunta esposa, el devoto cayó en la cuenta de que se había precipitado. Ahora reconocía que había sido absolutamente ciego a las virtudes de su mujer. ¿Acaso era fácil encontrar a otra mujer tan buena como ella?

De manera que le pidió al Señor que la devolviera a la vida.

Con lo cual solo le quedaba una petición que hacer. Y se puso a pedir consejo a los demás. Algunos de sus amigos le aconsejaron que pidiese la inmortalidad. Pero ¿de qué le serviría la inmortalidad –le dijeron otros– si no tenía salud? ¿Y de qué le serviría la salud si no tenía dinero? ¿Y de qué le serviría el dinero si no tenía amigos?

Pasaban los años y no podía determinar qué era lo que podía pedir. ¿Vida, salud, riquezas, poder, amor...? Al fin suplicó a su dios: «Por favor, aconséjame qué debo pedir».

El dios se rió al ver los apuros del pobre hombre y le dijo: «Pide ser capaz de contentarte con lo que la vida te ofrezca, sea lo que sea».

Esta historia está en el libro de *El canto del pájaro* de Anthony de Mello.

Así que eso le pasaba a la mujer de mi amigo. Si pidiera un espíritu «contentadizo» sería más feliz.

Cada cosa llega en el momento oportuno, y si ahora estás leyendo esto y deseas cambiar algo en tu vida es porque el momento oportuno es este y no antes. Si tampoco deseas cambiar nada en tu vida también está bien, no pasa nada, lo importante es vivir como tú desees vivir y que nadie tiene derecho a juzgarte ni a recriminarte.

«Bueno» es aquello que te hace feliz. Todo aquello que no te produce felicidad no es bueno ni malo, simplemente no es para ti.

Escucha a tu corazón. Sé tú mismo; nadie va a agradecerte nunca el que no lo seas, aunque sí pueden agradecerte que seas auténtico. Pero, que te lo agradezcan o no, ¿crees que es realmente importante?

Para ello es muy importante completar los «y si...» Así que procura completar los más que puedas.

Una vez le hice una pregunta a mi hija y ella me contestó:

«'Y' y 'si' son tres letras que por sí solas no significan nada, que no suponen ninguna amenaza, pero si las colocamos juntas una al lado de la otra, podrían atormentarnos el resto de nuestra vida».

«¿Y... si?» «Si hubiera dicho», «si hubiera hecho», «si me hubiera separado», «si hubiera ido a aquel lugar», «si hubiera estudiado», etc.

Si en este momento tienes alguno de ellos que no te deja dormir, plantéate empezar a completarlos para conseguir ser más feliz. No juzgues si acertarás o no, si será bueno o malo, porque Dios es amor. Por lo tanto, si tú eres una parte de Él o del Todo, o como quieras llamarlo, todo lo que hagas será acertado para ti. Simplemente es un aprendizaje en la vida, sin juicios. Solamente aprendizaje.

No eres culpable de nada sino libre, libre de actuar, sentir, amar...

La libertad va siempre unida a la responsabilidad de los propios actos. Responsable no es lo mismo que culpable. Eres responsable para seguir aprendiendo y pasando páginas del libro de tu propia vida.

Ámate a ti mismo y permítete actuar como tú quieras hacerlo. Nadie tiene derecho a juzgarte.

«No juzgues y no serás juzgado».

Hubo un tiempo en que la frase «ámate a ti mismo» estaba muy de moda. Ibas a cursos en los que continuamente la decían y a mí me enfadaba mucho porque decirlo es muy fácil pero nadie sabía decirme cómo se hacía. Un día me lo explicaron: «Amarse a uno mismo es hacer justamente aquello que tú quieres hacer y que en ese momento te hace sentir bien». Así de sencillo y de fácil, cuando yo creía que amarse a uno mismo era hacer muchísimos cursos para aprender cómo hacerlo.

«*La vida es mucho más sencilla
de lo que realmente creemos*».

CÓMO SANAR LA CULPA
α.Ω

Cuando uno se siente culpable se auto-castiga. Se envenena poco a poco incluso sin ser consciente de ello. A veces descubrimos situaciones por las que podemos sentirnos culpables, cosas que jamás pensaríamos, como no ser el hijo que nuestros padres querían, no tener un mejor trabajo, no ser un buen padre, culpables incluso porque le tenemos celos al vecino o porque dejamos solo a nuestro hermano un día que nuestros padres lo pusieron a nuestro cuidado, por haber dejado una relación, por haber seguido con una relación, por no querer tener hijos o por haberlos tenido y no haber salido como esperabas, por tener un amante... Nos podemos sentir culpables por miles de cosas; dependerá del nivel de evolución de cada uno y de su arquetipo de personalidad en ese momento, pues la misma situación derivará en un sentimiento de culpa diferente en cada persona.

¿Quién tiene la culpa por sentirnos así?

Si hubiéramos sabido una manera mejor de actuar ¿no lo habríamos hecho de otra forma?

PASOS PARA SANAR LA CULPA

Son tres pasos:

1. Aceptar
2. Cambiar la culpa por responsabilidad
3. Actuar

Aceptar

No necesitamos ir pregonando a los cuatro vientos lo que sentimos ni cómo nos sentimos. Aceptar es encajar y asimilar lo que siento en mi interior, en mi silencio. Aceptar es aceptarse primeramente a uno mismo el tener ese sentimiento. No pasa nada, no has de auto-castigarte; solo es un sentimiento, como son un sentimiento la tristeza, la alegría, la compasión. Puedes observarlo y repetir: «Sí, lo tengo, ¿y qué? Soy humano, no pasa nada, estoy aquí para aprender y para aprender necesito vivir esto que estoy viviendo ahora aquí y no pasa nada. No por eso dejo de formar parte del puzle ni dejo de ser una parte necesaria de él en este gran Universo».

La aceptación es reconocer que no eres mejor ni peor que nadie; eres tú, auténtico, único e irrepetible. No te hagas daño a ti mismo auto-castigándote.

Cuando no eres capaz de aceptar puede ser fundamentalmente por dos motivos. Puede haber alguno más, pero aquí te hablaré solo del miedo y de la ira.

Miedo, ¿a qué? Para cada persona puede ser a una cosa diferente. Cuando tenemos miedo nos paralizamos; dependerá del arquetipo de la persona el que esta se paralice más o menos, pero el miedo siempre nos impide actuar y dar al siguiente paso.

No puedo dar pautas generales de cómo liberarse del miedo pues cada persona lo tendrá por motivos y experiencias diferentes, así que el ejemplo de uno no puede servir para otro. Sí te diré que el único que puede traspasar ese miedo eres tú mismo. Puedes preguntarte: «¿A qué le tengo miedo?» «¿Qué beneficios estoy obteniendo manteniendo esta situación?» «¿Cuáles podría obtener si saliera de ella?» En el momento en que tú aceptas y decides realmente traspasarlo, puedes hacerlo bien solo o bien buscando algún profesional que te ayude a ello, pero has de querer hacerlo de verdad porque sino nadie podrá sacarte de ahí.

Muchas personas acuden a profesionales para que les resuelvan todo; van de uno a otro buscando un milagro, y claro, nadie les soluciona nada. Es inútil mientras no aceptes la situación y quieras realmente salir de ella. Puede que sea tu momento o puede que no; tampoco te castigues por ello. Cada persona tiene su propio ritmo y ya encontrará su momento, aunque a veces esperamos tanto que el momento llega «cuando ya nos ha dolido lo suficiente».

Ira, ¿a causa de qué? Cuando hay ira seguramente es que detrás hay algún motivo escondido, algo que quieres conseguir y crees que no puedes, algo que deseas que funcione como tú deseas y de lo que no eres capaz de desapegarte. Algo que quizás quieres controlar.

Fuera por lo que fuera, lo importante es aceptarlo y rendirte. Rendirte a que esa situación es así. Rendirte es decir: «Sí, acepto las cosas tal y como están». No las alimentes con pensamientos; lo que es, está ahí. Cuando lo aceptas, de repente sientes una profunda tristeza infinita y a la vez una gran liberación. Ante cualquier sentimiento, pregúntate siempre: «¿qué beneficio obtengo estando así?» Siempre hay alguno en nuestro subconsciente.

Tienes derecho a pensar como piensas, a actuar como actúas, y a cambiar aquello que no te guste de ti cuando tú decidas y lo quieras cambiar.

Con la aceptación accedes también a la humildad.

Cambiar la culpa por responsabilidad

La responsabilidad comienza por uno mismo. La culpa nos la imponen los demás y nosotros mismos, según como cada uno entendamos la vida desde el momento de evolución en el que estemos, para condenarnos de por vida a no ser libres y por lo tanto a no ser felices.

Cuando tú dices: «yo soy el responsable de tener estos pensamientos o de actuar de esta manera», sin juzgar si es bueno o malo, cuando te responsabilizas, te das cuenta de que puedes cambiar tanto tus pensamientos como tus actuaciones.

Por ejemplo: odias al vecino porque él tiene todo lo que a ti te gustaría tener. No eres culpable de pensar así, pero sí responsable de no conseguir lo que tú necesitas para estar mejor.

A veces creemos que ser responsables es cargar sobre nuestra persona un inmenso peso, pero no hay nada más lejos de la realidad. Ser responsable te da libertad; ser responsable es ser coherente con lo que piensas, haces y dices, y aceptar las consecuencias de tus propios actos. No de lo que haces porque los demás lo hayan querido así, porque las consecuencias serán las mismas y encima no será por haber actuado como tú querías sino como querían los demás, o, en otros casos, como creías que querían, porque a veces todo esto solamente son suposiciones y hacemos lo que pensamos que a otros les gustaría que hiciéramos y en realidad nada tiene que ver con lo que ellos querían.

Nos complicamos la vida cuando no nos miramos a nosotros mismos ni actuamos como queremos.

Nos quejamos de que en la escuela no educan, cuando deberíamos preguntarnos: «¿quién es el responsable de mi hijo?» Los padres están para educar y los maestros para enseñar, pero siempre vamos delegando y delegando responsabilidades en todo nuestro alrededor. Quizás si nos hiciéramos más responsables de nuestros hijos, esos maestros no tendrían que estar batallando continuamente con niños irresponsables. Podrían tener más tiempo y más ganas para enseñar. Hoy es normal que muchos de ellos vayan desganados a la escuela: son profesores que eligieron su profesión por vocación y que ahora están frustrados por cómo van esos niños a la escuela. Y también los mismos niños piden a gritos que los comprendamos, que cambiemos nuestros esquemas, ya que educar no es darles todo lo que quieren. Hay niños infelices porque también los padres somos infelices y estamos demasiado ocupados para llegar a todas partes con estos ajetreados ritmos de vida. Los niños están pidiendo un cambio a gritos y nadie los escucha.

Es curioso. Cuando era jovencita me preguntaban qué quería ser de mayor y nunca sabía lo que quería porque me gustaba ser periodista, escritora, abogada…, demasiadas cosas para elegir una. Pero sí sabía lo que no quería ser claramente y era maestra de niños, porque ya debía ver el panorama que se avecinaba, aunque he de reconocer que he trabajado de *coach* en una escuela con adolescentes y también en consulta privada y me encantan; me fascina ver lo rápidamente que reaccionan cuando descubren sus propios valores y lo que les gusta hacer en la vida. La diferencia es que a la escuela van por obligación y claro, hay muchísimos niños, casi todos demasiado inteligentes, que se aburren. Es como si ahora a nosotros nos pusieran en una clase de los años sesenta; también nos aburriríamos porque los humanos vamos evolucionando. Pero lo que no evoluciona tan rápido es el sistema.

Y seguimos echando la culpa a otros. A los políticos, por ejemplo, cuando no hacen lo que nosotros queremos, pero nos olvidamos de que los responsables de que ellos estén ahí hemos sido nosotros.

Y seguimos echando culpas porque los que tienen dinero no se lo dan a los pobres, cuando realmente no sabemos qué hacen con el dinero.

«El amigo de mi hijo es el culpable de que mi hijo beba».

«Una tercera persona es culpable de la separación del matrimonio».

«El gobierno es culpable de que yo esté en el paro».

«El juego es el culpable de que se haya arruinado».

Y así podríamos confeccionar una larga lista de «culpables».

Sinceramente, párate a pensar cuántas cosas hay a las que culpabilizamos que están fuera de nosotros. Y la responsabilidad de cada uno ¿dónde queda? ¿Quién es el responsable: el amigo que te da de beber, o tú que bebes? ¿El juego, o tú que juegas? ¿La tercera persona, o tú que decides que haya una tercera persona? ¿Los políticos, o tú que los has votado o no? Pero no haces nada mejor que criticar en vez de aportar tu granito de arena para cambiar algo, empezando por asumir tu responsabilidad.

Si cada uno fuéramos responsables de nosotros mismos ¿creéis en verdad que el mundo estaría como está?

Las personas a lo largo de esta vida, u otras vidas, si creemos que ha habido otras, hemos acumulado puntos a favor o en contra, y la vida nos los devuelve; una persona puede nacer absolutamente pobre y acabar millonaria por tener muchos puntos a favor, pero no ha de hacerse responsable de las cosas que no le tocan. Otra cosa es que él quiera hacer algo por los demás, pero nunca obligado, sino por deseo propio. Y no podemos ponerle una etiqueta de culpable por no arreglar el mundo porque no es solo responsabilidad suya sino de todos.

Siempre buscamos y buscamos culpables para todo y por todo en vez de preguntarnos: «¿qué parte de responsabilidad tengo yo en esta situación?» cuando siempre encontraremos alguna parte, por pequeña que sea, que depende de nosotros y otra manera de actuar que podemos elegir diferente.

Si solo aceptamos y no pasamos a retomar nuestra propia responsabilidad, no conseguiremos liberarnos de la culpa. Puede que ahora no veas de qué eres responsable, pero te aseguro que, si consigues aceptar desde la humildad, cambiarás la palabra culpa por responsabilidad y llegarás a un estado de paz y liberación excelente.

> *«Con la responsabilidad accedes también al*
> *empoderamiento de tu propia vida».*

Actuar

Y ese es el último paso, actuar.

Cuando ya has aceptado sin juzgarte, has descubierto que la culpa no existe y que tienes derecho a pensar sentir y actuar como quieras, te das cuenta de que lo último que te falta para salir de esa situación es la acción.

Reconoce que el responsable de esta situación eres tú mismo; tú eres el dueño de tu propio destino; da igual si está escrito todo o parte. Tú, aquí y ahora, puedes decidir y puedes actuar.

Si te quedas en el primer paso siempre estarás rodeado de vecinos que tendrán un trabajo mejor que el tuyo, un coche mejor que el tuyo, una vida mejor que la tuya, y tú siempre estarás en el mismo lugar, buscando culpables fuera. Tú pones la diana en ellos, pero ellos están ahí para recordarte que puedes actuar. Cuanto más te niegues a salir de ahí más vecinos habrá a tu alrededor en esas condiciones y, aunque cambies, diez veces volverán a aparecérsete las mismas situaciones. Y si al final decides seguir con la crítica, el juicio y todo lo que conlleva ese malestar general en ti, esa culpabilidad y esa irresponsabilidad acabarán llevándote a sufrir alguna enfermedad, quizás al hígado que es donde se acumulan preferentemente los sentimientos de rabia, envidia, impotencia, etc.

Cuando aceptes, seguramente descubras que en esta sociedad todos desempeñamos un importante papel, tanto el barrendero como el rey. Todos hemos venido a cumplir una misión; solamente nos cambiamos el traje de trabajo, pero por dentro todos somos iguales, con sentimientos, limitaciones, culpas. Todos llevamos en nuestras mochilas lo que hemos aprendido en el camino, creencias, hábitos...

Sigamos con la acción.

«¿Qué puedo hacer para tener ese coche que tanto me gusta del vecino y tanta falta me hace?» o «¿qué puedo hacer para que mi relación funcione?» Cualquier pregunta respecto a la situación que quieras resolver. «¿Qué puedo hacer?» Busca opciones, actúa y si en verdad lo pides de corazón y te es necesario, ten por seguro que el Universo se pondrá a tu favor para que lo consigas.

Te contaré otra historia.

Cuando empecé a salir con el padre de mi hija, él tenía que recorrer muchísimos kilómetros cada día para ir a trabajar. No tenía coche. Un día vimos uno casi nuevo precioso de color champagne en la exposición de Renault pero el precio era demasiado caro. Nuestros padres no podían dejarnos el dinero. Se lo pedí a algún amigo, pero vi en su cara que no confiaban en que se lo devolveríamos; éramos demasiado jóvenes, aunque nosotros estábamos seguros de que lo haríamos. Nadie nos dejó el dinero y yo entonces dije: «Bueno, Dios, olvidémonos del coche; si no ha de ser que no sea y si ha de ser pues que ocurra el milagro» y nos hicimos a la idea de que él seguiría haciendo kilómetros cada día para llegar al trabajo y luego volver.

Pues no habían pasado ni quince días cuando fuimos a tomar algo con algunos familiares y amigos. Ese día pagué yo y me sobraron cincuenta céntimos. Él me dijo: «Compra un boleto de lotería» (que valía un euro) y yo le contesté: «Solo me han sobrado cincuenta céntimos». Me dio cincuenta más y compramos el boleto.

¿Podéis adivinar qué pasó? Nos tocó justamente lo que valía el coche. Pensamos que ya no estaría porque era precioso, pero sí, allí estaba justo para nosotros. Fue nuestro primer coche.

Aceptamos la situación, nos hicimos responsables, ya que queríamos devolver ese dinero que pedíamos. Luego actuamos y aceptamos; no pasaba nada, él seguiría caminando al menos diez kilómetros cada día entre ir y volver, hasta que pudiéramos conseguir ahorrar y comprar un coche. Entonces el Universo se puso –como siempre pasa– de nuestra parte.

Podríamos haber juzgado a todos por no habernos ayudado, sentirnos culpables por no tener ese dinero ni un buen trabajo en ese momento, pero optamos por hacernos responsables de nuestra situación.

¿Habéis oído la frase de «a Dios rogando y con el mazo dando»? Pues para mí eso es. No te sientes a esperar o te quejes de tu mala suerte, o culpes a los amigos o al banco o a tu familia por no dejarte el dinero: tú eres el responsable; acéptalo y busca soluciones.

Como esta historia os podría explicar muchas más en las que el Universo se ha puesto de mi parte.

Hoy, escribiendo este libro, me llega a los oídos la anécdota de una directora de escuela en la que se han dividido en dos bandos: los que están a su favor y los que no piensan como ella. Y los que están a su favor, en la mayoría de los casos, no es por amor hacia ella, sino por miedo de perder su puesto de trabajo.

¿Cómo podemos construir así una sociedad responsable si en vez de unir desunimos? Buscamos culpables de que las cosas no funcionan cuando no es así; más bien no funcionan porque nosotros no hacemos las cosas responsablemente para que funcionen. ¿Cómo podemos educar en valores en una escuela de niños donde están viendo cómo la misma directora habla mal de otros profesores delante de ellos? Para mí eso es inmadurez, en vez de asumir que si algo no funciona como se esperaba es por su responsabilidad y no por la de los demás...

¿Cómo podemos actuar? Aparte de con nosotros mismos para conseguir ser coherentes, responsables y luchar para realizar nuestros sueños, también podemos actuar de cara a la sociedad:

Dejar de buscar culpables, aceptar, y dar la oportunidad de que todo el mundo pueda llegar a ser libre y feliz

No juzgar a nada ni a nadie ni tampoco a nosotros. No somos jueces

Si hacemos una crítica, que sea constructiva. Nunca hacer una crítica que no sirva para algo bueno

Colaborar aportando valores a la sociedad. Valores como el respeto, la compasión, el servicio, y la alegría

Quizás si toda la sociedad fuera más responsable ayudaríamos a educar a los niños con el ejemplo en nuestras actuaciones, y no solo a los nuestros sino a todos en general.

En la antigua Grecia, la educación era responsabilidad de toda la sociedad y, por ello, cuando veían a alguien comportarse de forma inadecuada (sin respeto y haciendo daño a otros) cualquier persona actuaba sabiendo que nadie iba a reclamarle nada; al contrario.

Hoy en día vemos palizas en los metros, en las calles, en todas partes, y casi nadie mueve un dedo en defensa de las personas.

Quizás este libro no vaya a cambiar el mundo, pero su intención no es esa sino que cada uno encuentre dentro de él esos valores, esa libertad interna, un diferente enfoque de la vida, que sea un eslabón para ser más feliz. Hemos venido a ser felices y poco a poco podremos conseguirlo. Y no todos necesitamos lo mismo; dependerá de cada persona, aunque lo importante es que, sea lo que sea, lo encontremos.

«Con la actuación tú te liberas y algo milagrosamente de tu alrededor también se libera y llegas a ser más feliz».

LA ESENCIA
α.Ω

Cuando reencontramos nuestra esencia nos damos cuenta de que formamos parte de un plan divino, un plan no inventado por el hombre sino un plan que existió, existe y existirá desde hace millones de años.

Todo está ahí, todo forma parte de la naturaleza humana, divina, vegetal, animal; todo es todo, todo es lo mismo desde la Creación.

A veces, pasando y viajando por lugares veo montañas desde una punta del país o del otro lado del mundo que se parecen a otras casi idénticas, aunque con distinta geografía alrededor, y me pregunto ¿no será todo exactamente lo mismo y que, como consecuencia de la diferencia del clima y de las energías, las vibraciones de pensamientos de la gente del lugar, cada sitio se haya desarrollado de manera diferente? Como el que tiene una planta y esta se desarrolla de manera distinta en otra casa: a unos les crece más, a otros se les muere... Por eso ¿no será absolutamente todo lo mismo pero dependiendo de su entorno da un resultado diferente? Pero eso son solo reflexiones que yo me hago y que he querido compartir con vosotros.

Cuando nos preguntamos de dónde venimos, no estamos gestionando nuestra existencia, sino solo intentando saber lo que somos. Cuando sabes lo que eres sabes de dónde vienes.

Tú eres una parte del Todo, sin principio ni fin, y como parte del Todo, formas el Todo. ¿De dónde vienes? ¿De dónde viene la Creación? ¿Podrías existir sin ella? ¿Ella podría existir sin ti? ¿Existiría algo sin todos los seres vivos? Planta, animal, vegetal, mineral, todo está ahí al igual que tú. No se puede acabar un puzle si falta una pieza. Todas las piezas juntas forman un paisaje maravilloso. Si faltara una sola de ellas, la belleza no sería la misma. Tú eres una pieza de ese puzle, colocada en un lugar u otro pero sin la cual el Todo no sería bello y completo. No importa si estás en el centro o en una punta, ¡qué más da! lo importante es que sin ti, estés donde estés, ese puzle estará incompleto y su belleza solo será íntegra cuando estén todas las piezas colocadas.

Cuando a veces creas que no eres lo suficientemente importante, recuerda ese puzle: encajas en algún lugar de él aportando así armonía y belleza a la contemplación del Todo.

Lo importante no es estar en el centro, pues todo es cambiante; lo importante es que siempre serás necesario para formar la totalidad de la belleza. Así que cuando estés triste puedes repetir:

«Yo soy parte del puzle; por tanto, yo soy importante porque formo parte del Todo. Sin mí el puzle no está completo».

No te culpes de nada; no importa lo que estés haciendo en este momento: estás en el lugar correcto y sigues formando parte de ese puzle. No dejes que te digan que te has equivocado. Solamente tu alma y tú sabéis el porqué de esa situación, porque ella sabe exactamente lo que necesitas. Estás perfectamente encajado en tu lugar. Los consejos gratuitos solamente deberías escucharlos si son constructivos.

Tu esencia no juzga, no sufre; tu esencia acepta, transforma, es libre. Tu esencia ama. Ama a todas las criaturas del Universo: ama a una planta, porque se siente unida a ella en la libertad y el amor; ama a los animales, a los ríos, los lagos, a la naturaleza, ama a una persona, a un poema, ama cualquier cosa material o no que se encuentra en su camino porque sabe que todo es vida. Es la misma vida que corre dentro de ti.

Tu esencia ama todo eso. Todo está ahí para hacerte vibrar, para que seas feliz, y tú estás ahí para que ella vibre y se sienta feliz cuando tú la contemplas.

¿Crees que sois dos esencias o más bien una sola compartiendo ángulos diferentes?

¿No estará quizás ahí todo eso porque también es parte de tu esencia?

Si has experimentado alguna vez la muerte de alguien, verás que se hace un profundo, inexplicable e indescriptible silencio, aunque no conozcas al que ha fallecido. Eso es lo curioso. Si no lo conocieras y no formaras parte de él ni él de ti ¿cómo podrías explicar ese silencio?

Es un silencio de soledad, de compasión e incluso de amor hacia esa persona y ampliado muchas veces a la familia. Lo sé porque en diez años trabajando en un hospital he podido contemplarlo.

¿Sigues creyendo que estamos todos desconectados?

Todos somos parte de una misma luz.

Os voy a contar otro cuento.

Había una vez un sol gigante, inmenso, un sol que nunca podía apagarse porque era luz permanente.

Ese sol o luz estaba compuesto de muchas, muchísimas partículas diminutas, más diminutas aún que las que se han descubierto hasta el día de hoy. Esas partículas tenían vida propia y constituían el recubrimiento de otra partícula que podía moverse a voluntad sin dejar de brillar. La partícula esencial nunca se movía porque seguía formando parte de esa gran luz, como todas las demás, pero las partículas de dentro maduraron y decidieron unirse de tres en tres para experimentar cosas nuevas y así brillar aún más.

Esas tres primeras planearon un viaje. Cogieron su vehículo para desplazarse y fueron a otro lugar lejos lejísimos a experimentar aquello que planearon, y adquirieron forma propia al salir de su partícula primitiva.

Cuando acababan de experimentar ese envoltorio que se había ido creando al dejar su partícula original, desaparecían o desencarnaban y la partícula volvía nuevamente a casa con toda la información aprendida, como el hijo que vuelve a casa cargado de regalos o de dones, y se unía nuevamente a su partícula madre para seguir brillando mucho más, para que esa luz no se apagase, sino que se fuese regenerando.

Todas las partículas configuraban la gran casa, el Padre, Dios, el vacío cuántico, o cualquier nombre que pueda designar al Todo.

Por tanto, el Todo, Dios o como quieras llamarlo, sin ti no está completo. Tú indudablemente eres parte de ese Dios, al que todos buscamos fuera en vez de encontrarlo dentro de nosotros.

Somos partículas bajando a experimentar, aprendiendo a entendernos y a amarnos entre nosotras para unirnos y volver así al gran Dios cogiendo vida propia.

El cuerpo solo es un vehículo que dejaremos al retornar a casa para, nuevamente y de tres en tres, volver a experimentar fuera de ella.

No penséis que esto me lo he inventado yo; quizás mi imaginación llegue lejos, pero esto ha salido directamente de mi mano sin borrones, como si me dictaran, de la misma forma que ha sido escrito todo este libro.

Por tanto, cada uno de nosotros podemos decir:

«Yo soy luz, mi esencia divina es luz. Todo viene de ella y todo vuelve a ella. La oscuridad es una parte de la luz. El negro una parte del blanco, sin uno no existe el otro. El sonido es luz, el amor es luz; el odio también es una parte de la luz, pues todo vuelve en camino hacia ella».

Estamos formados por luz.

Igual que la enfermedad es una parte de la salud, la oscuridad es una parte de la luz. La luz da la mano a la oscuridad para que se vuelva luz y la salud da la mano a la enfermedad para que sane.

Cuando estamos enfermos creemos que esa enfermedad dirige nuestra vida en vez de enfocarnos en darle la mano a la salud. Todo lo que está en positivo es luz, y por tanto se puede curar cualquier cosa que no lo sea.

Yo siempre pensaba que si las células hacían un recorrido para ponerse enfermas podían hacer el mismo trayecto para ponerse sanas (y no creáis que yo no me pongo enferma pues estoy experimentando todo esto) y mi alegría fue descubrir que hay científicos ya que dicen que las neuronas se enlazan entre sí cuando crean un camino aprendido y lo mismo pueden desenlazarse si el camino no es el correcto. Yo lo explico de modo muy sencillo y a mi manera. Si queréis saber más hay mucha información en Internet y muchos libros escritos que podéis consultar.

Si todo es parte de una misma línea y esa línea camina siempre hacia el polo positivo, quedaría más o menos así:

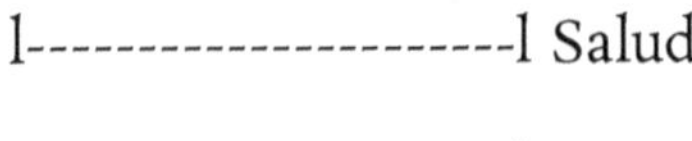

Puedes decir que tienes menos salud o más salud, pero todo está en la misma línea hacia el polo positivo.

l--------------------l Alegría

\-   +

Estarás más alegre o menos alegre, pero seguirás dentro de la misma línea de la alegría.

l--------------------l Luz

\-   +

Siempre es luz...

Ahora podéis pensar que los extremos podrían invertirse, y tendríais razón. Deducid por vosotros mismos si tiene sentido.

l--------------------l Tristeza

\-   +

Todo el mundo estaría triste y todo el mundo no estaría triste; tenemos episodios de tristeza.

Pero... ¿creeríais de verdad que hemos venido solamente a sufrir?

Así sería con todo lo demás:

I--I

-Soberbia   + Humildad

I--I

-Culpa   + Responsabilidad

I--I

-Ignorancia   + Sabiduría

Te invito a que cuando tengas un ratito hagas este ejercicio y coloques en cada extremo de la barra aquello que consideres oportuno. En la soledad y el silencio, ahora que nadie más que tú mismo te ve, reconoce aquellos valores que podrías acercar al lado positivo para conseguir ser más feliz. Si te sientes ignorante puedes decir «estoy» ignorante pero no «soy» ignorante. Si te sientes soberbio simplemente «estás» pues no «eres» soberbio, ya que en esencia pura somos todo en positivo; simplemente ahora estamos aprendiendo para retomar nuevamente nuestra esencia, aquello que fuimos somos y seremos, ya que nunca hemos dejado de estar ahí. Puedes repetir:

«Reconozco la parte en mí que no me gusta, la acepto; no me veo feo, ni sucio pues yo soy sabiduría, luz, alegría, bondad y todos esos valores en positivo, ya que soy esencia pura y divina. Yo también soy Dios».

Si haces este ejercicio, reconocerás en el otro también su parte divina y sentirás compasión al saber que esa persona está en el mismo proceso que tú, con sus miedos, culpas, mochilas, etc. Y, lo más importante, sabrás que su otro extremo también es luz, sabiduría, bondad, amor, igual que tú, esencia pura y por lo tanto Dios. Así que lo trataremos con respeto y sin juzgarlo, teniendo en cuenta el punto de aprendizaje donde está.

Todos lo hacemos lo mejor que sabemos.

La vida es un aprendizaje y podemos tomarla como un juego de aprendizaje divertido o vivir amargados y ser infelices. Puedes salir de ahí en cuanto tú decidas.

ACEPTACIÓN

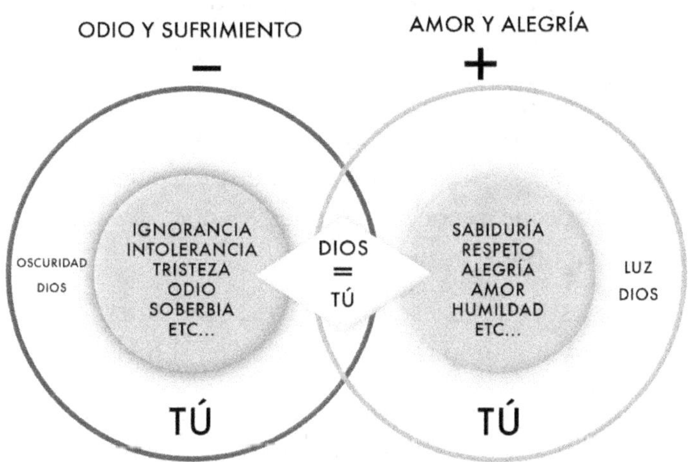

Si somos conscientes de que todos los valores en positivo son luz, igual que nosotros, viviremos la vida de forma distinta, empoderándonos con el poder verdadero que todos poseemos de forma innata. No hay ni una sola persona, animal, planta o cosa que no sea luz y, por tanto, que no sea Dios, y la suma de todas nuestras partes de dioses sería el Todo, el gran Dios.

¿Qué significaría eso? Que seríamos creadores de nuestras propias vidas, que seríamos nosotros los que elegiríamos estar y vivir en la alegría, que no dependería de los demás sino de nosotros mismos, que nunca habríamos salido de la casa del Padre como nos dijeron, sino que estaríamos experimentando dentro de ella, que nadie nos habría expulsado de ningún Paraíso porque el Paraíso está dentro de nosotros, así como el bien y el mal, ¿Quién puede decir lo que está bien y mal si no es el hombre? El hombre es el único que juzga. Tienes el poder de elegir lo que deseas experimentar en tu vida, y la seguridad de que decidas lo que decidas no te equivocas, sino que simplemente experimentas.

Y no estoy justificando asesinatos, guerras, etc; simplemente considero que todo ello es parte de la ignorancia de no recordar quiénes somos, de dónde venimos y a dónde vamos.

Por eso, cuando se quita la vida a alguien el asesino se está quitando también la vida en semejante parte a sí mismo.

Para los que creen en el karma y dicen «se lo debía», «fue devuelto...», «ojo por ojo»... Yo les sigo diciendo lo mismo: Todo eso es parte de la ignorancia. Perdonar y no devolver mal por mal es parte del aprendizaje que algunos tendrán durante sus vidas hasta que lo aprendan. El karma no justifica que hagas lo mismo que te hicieron. No tiene sentido. Estarás siempre sufriendo.

Si ponemos nombre a las limitaciones el gráfico quedaría así:

```
l---------------------------l
```

Guerra   Paz

¿Podríamos entonces decir que hay menos guerra? Después de la limitación no hay nada más, y por tanto, lo que hay es menos paz.

Cuando las personas luchan en contra del cáncer, en contra de la guerra, en contra de cualquier cosa, están siempre en contra de la luz, porque al otro lado de la limitación de todo ello no hay más que luz.

Sería mejor decir «a favor de la salud», y da igual la enfermedad que sea, pues cualquiera de ellas es una parte de limitación de la salud, y la palabra «lucha» por sí sola ya te cansa. No luches contra el cáncer, no luches contra la guerra; si usas la palabra luchar siempre estarás luchando y nunca conseguirás llegar a ningún lado.

Por ejemplo, las manifestaciones en contra de la guerra pueden hacerse a favor de la paz; para los enfermos de cáncer, pues a favor de la salud; hay mil maneras de usar las palabras en positivo.

Todos paseamos siempre por esas líneas: a veces un hombre menos rico de repente se vuelve más rico; un rico de repente, se vuelve menos rico...

No es que no se pueda decir «pobre» o «guerra» o «tristeza», solamente es tomar conciencia de que ese es el máximo extremo de la paz, la alegría o la riqueza, y que desde ese extremo nunca hay menos sino más, o sea, siempre hacia adelante.

Por todo ello hemos de aprender maneras diferentes de hablar en positivo.

Acuérdate de empezar a practicarlas. Puedes comenzar en casa con tus hijos o con tus padres o hermanos si no tienes hijos, o con los amigos.

Si somos capaces de ver esto, nos daremos cuenta de que hay esperanza para ser felices, pues hemos venido a serlo. Quizás ahora no estemos en un momento de felicidad, pero sabemos que es hacia allí únicamente a donde podemos ir.

Lo mejor es que todo lo que hay en esa línea es tuyo y solamente tienes que atraerlo a tu realidad. Ya está ahí dentro de ti y si está ahí es porque eres Dios, eres creador, sabio, luz. ¿Cómo vas a hacer para atraerlo a tu realidad? Créelo, confía y el Universo se pondrá siempre a tu favor.

Alguno podéis estar pensando en los países más desfavorecidos, pero si pensamos que este es su momento máximo de riqueza, les daremos esperanza de caminar hacia la riqueza. Por el contrario, si decimos que son un países pobres ¿cómo van a salir de ahí?

Decir que hay pobres es dar poder a los ricos. La palabra «pobreza» es negativa. La palabra máxima de «riqueza» es positiva, te da esperanza.

Escribiendo esto me viene a la mente un poema que se me quedó muy grabado cuando estudiaba bachillerato. Cuando creo que estoy pasando por lo peor de todo, siempre recuerdo esto:

Cuentan de un sabio que un día
Tan pobre y mísero estaba,
Que solo se sustentaba
De unas hierbas que cogía.
¿Habrá otro, entre sí decía,
¿Más pobre y triste que yo?
Y cuando el rostro volvió
Halló la respuesta, viendo
Que otro sabio iba cogiendo

Las hierbas que él arrojó.
Quejoso de mi fortuna
Yo en este mundo vivía,
Y cuando entre mí decía:
¿Habrá otra persona alguna
de suerte más importuna?
Piadoso me has respondido.
Pues, volviendo a mi sentido,
Hallo que las penas mías,
Para hacerlas tú alegrías,
Las hubieras recogido.

Pedro Calderón de la Barca

No quiero decir que tengamos que empezar a hablar así desde hoy porque lo aprendido está grabado en nosotros durante muchísimos años, pero si las personas que dirigen manifestaciones o luchan en contra de algo en vez de a favor, si todas esas personas que tienen alguna responsabilidad moviendo masas empezasen a cambiar el enfoque –pues, si os dais cuenta, las manifestaciones que son «en contra de...» no funcionan; pueden ir muchas personas a ellas, pero no cambian nada o casi nada a no ser que sean de controladores aéreos o de algo que paralice la economía–, serían mucho más efectivas.

Así que os voy a explicar otra historia de cómo ayudar al otro y es respetando, pues por mucho que quieras, si el que ha de hacer el aprendizaje no lo ve como tú, no puedes hacer otra cosa más que respetar sus decisiones.

Un día conocí a un chico. Era noble, bueno, perfecto en sí mismo, pero estaba obsesionado con la espiritualidad, con buscar y buscar. Si hubiera sabido que Dios ya estaba en él, que era una parte del Todo; que Dios es alegría, y no sufrimiento ni sacrificio forzado; si hubiera sabido que nada es blanco o negro sino que hay colores entre medias; que ser espiritual es vivir el presente aquí en la Tierra; que solo hay evolución, no involución y por tanto todos somos espirituales, con nuestros fallos y aciertos pero siempre hacia adelante; si hubiera aceptado que las personas que le hicieron sufrir no eran más que espejos de sus propias creaciones, que el sufrimiento existe desde la perspectiva que tú eliges vivir; si hubiera confiado más en las personas sabiendo que en todas hay esa parte de luz y la hubiera visto dentro de cada uno; si hubiera parado, por un solo momento, de buscar fuera lo que ya tenemos dentro, se habría enamorado de sí mismo, habría descubierto que todo eso que buscaba ya lo tenía, porque todo está en la misma línea y solamente has de retomarlo en su valor; habría descubierto que correr en busca de la esencia es inútil; habría dejado de correr tras ella para recuperar lo que ya es, lo que ya tiene; habría podido disfrutar del placer de ser simplemente lo que es, luz pura, no importan los defectos, pues no son tales cuando en esencia no existen; simplemente son cosas que aprender a gestionar.

Cuánto me habría gustado verlo sin esa ansiedad de buscar desesperadamente, sin ese tiempo impuesto por él mismo para recuperar su esencia cuando la esencia siempre está ahí, nunca la perdemos, solo hay que retomarla. Pero no me quedó más que respetarlo y aceptar que aún no era su momento, no porque no lo fuera, sino porque él lo decidió así y yo no sé sus tratos con su alma y por lo tanto no debo meterme ni interferir con nadie.

Ponemos fechas a todo y está bien, pero siempre y cuando contemos también con que nuestros guías nos ayudan y que las cosas pueden cambiar en un solo segundo.

Nos pasamos la vida corriendo detrás de todo y nos olvidamos simplemente de lo más sencillo, de existir, de vivir el presente tal y como somos, de respirar conscientemente y existir. Solamente eso. Ahí está tu esencia. No te la devolverá nadie; simplemente está ya dentro de ti.

«Si la luz fuera la parte total de la oscuridad...
Si pudiéramos apreciar la belleza de la noche misteriosa...
Si todo ello pudiéramos conjuntarlo con el día...
La luz del día aún sería más bella».

Así es el ser humano, con su parte de luz y de oscuridad, así somos tú y yo, así somos en esencia, y cuando la oscuridad la convertimos en luz, nos damos cuenta de que somos bellos, poderosos, valientes, misteriosos.

Así es nuestra esencia, luz con todo su esplendor y todo su poder.

Somos destellos de partículas brillando unas al lado de las otras; lo que vemos y lo que no vemos, lo que percibimos y lo que no percibimos, lo que oímos y lo que no oímos.

Por tanto, no juzgues; el otro también es perfecto como tú, ¿Le ves perdido? Tú también lo estás. ¿Le ves soberbio? Tú también lo eres.

Lo que ves fuera está dentro también, lo que te gusta y lo que no, lo que admiras de alguien y lo que no te gusta de él, todo lo tienes tú también dentro de ti.

No creas cuando te dicen que vives en la oscuridad; tan solo estás en la parte menos visible de la luz, como cuando es de noche no vemos la luz del día. Pero eso no significa que no exista.

EL SANTO GRIAL
α.Ω

Cuando escribo, solamente escribo, no pienso, dejo guiar mi mano tal y como me llega la información. Cuando hago borrones o me encallo de alguna manera sé que mi cabeza está por medio.

Así, este capítulo es tal cual mi mano lo escribió de un solo tirón y así lo transcribo.

Tú, yo, todos somos el Santo Grial.

¿Qué buscamos fuera, cuando lo tenemos dentro?

¿De qué nos serviría encontrar la copa en la que Jesús bebió la última noche?

¿No será más bien que lo que hemos de encontrar es el mensaje?

¿Creemos acaso que una copa material que solamente estuviese en posesión de alguna persona o de algún museo nos haría a nosotros algún favor?

Cuando la vida te di, la inmortalidad también te di.

Dentro de algo de mí, estás tú también.

La comida y la bebida aquí en la Tierra forman parte de esa felicidad que he venido a proclamar que es posible, de esa celebración que es la vida. No importa lo que los demás hagan contigo o digan de ti, pues la felicidad es un estado interno, del alma, y es una decisión que tú puedes elegir. Lo importan-

te eres tú, tú eres el Santo Grial, el que nadie puede destruir nunca jamás. Ese es el gran poder que yo te transmito, la inmortalidad eterna, el ser, tu ser, el que está unido a tu alma y a tu espíritu y es por ley indestructible. El Santo Grial somos la unificación de cada uno y todos a la vez. Podemos ir a planos diferentes pero somos inmortales; nunca perecemos, nunca estamos solos.

Cada uno de vosotros es un eslabón más de esa cadena que todos formamos juntos.

Hay cosas que no se destruyen, ni la muerte puede hacerlo, pues esa muerte no es más que un paso a otro estado de vida, de esa vida que todos compartimos.

El Cielo y la Tierra siempre están unidos, siempre lo han estado y siempre lo estarán, llenos de «santos griales», brillando cada uno con luz propia y ofreciendo una maravillosa e inmensa luz conjunta.

Dejad ya de seguir a quien os enreda buscando fuera de vosotros. Todos son hombres y el amor es universal, no solo para unos pocos. Todos somos importantes a los ojos del plan divino, cosa que nos iguala, y es que somos inmortales en el amor. Por tanto, tú tienes tu propio Grial, tu propio poder, tu propia vida y eres pura alegría, luz y felicidad.

Siempre estaremos juntos e interconectados, todos, del primero al último ser humano, animal o cosa, porque el amor verdadero es así y todos tenemos derecho a amar y ser amados.

Brilla pues, lo más luminosamente que seas capaz de brillar.

Vive lo más intensamente que puedas cada minuto, cada segundo, siempre en el momento presente.

Y cuando te llegue el momento de transformarte, que tu alma esté libre de juicios, de culpas, de ataduras, y así podrás seguir y seguir brillando siempre sin necesidad de sufrir.

Todo es aprendizaje. Todo es transitorio aquí en la Tierra. Todo llega y todo pasa como las estaciones del año, mas tú permanecerás eternamente porque ese es mi legado: la inmortalidad, el Santo Grial.

Después de esto, yo no juzgo, solamente transmito tal cual este capítulo que fue totalmente canalizado. Cada uno de vosotros es libre de creer, de pensar o de actuar. Quizás si esto fuera cierto podríamos tomarnos la vida de una manera diferente.

Palacio del Gran Maestre, Rodas (Grecia).

EL PROPÓSITO DE VIDA
α.Ω

Muchas veces nos preocupamos del pasado. ¿Quiénes fuimos? ¿A dónde vamos? Pues bien, lo más importante, y a eso no le damos importancia, es saber dónde estamos.

Si no sabemos dónde estamos nunca conseguiremos alcanzar nuestro propósito de vida, pues el único propósito de nuestra existencia es vivir el aquí y ahora, día tras día, minuto a minuto, segundo a segundo. Solamente estando aquí llegaremos sin darnos cuenta a nuestro propósito.

¿De qué te servirá saber que fuiste Juana de Arco o el nuevo salvador del mundo si no puedes dar un salto y ponerte ahí de repente? Uno llega a través de vivir cada día las circunstancias y aprender las lecciones de la vida.

Ahora estás leyendo este libro; pues hasta que dejes el libro y vayas a hacer otra cosa, ese será tu propósito de vida.

Buscamos, la mayoría de las veces, un sentido de nuestra vida en los demás, en los hijos, la familia, el trabajo incluso, y, cuando eso nos falla caemos en una profunda tristeza, incluso depresión. Si nuestro propósito de vida es vivir el aquí y el ahora sabremos que todo es pasajero: los hijos se emanciparán, el marido puede que hoy esté y mañana no, el trabajo puede cambiar... Pero si vivimos el presente aceptaremos cada cambio y cada momento como nuestro propósito de vida, entregándonos al cien por cien a todo ello y sin esperar nada a cambio.

Así, paso a paso nos irá guiando por el camino que ya vamos transitando, pero será nuestro propósito porque habremos decidido hacer eso por amor, entregarnos a todo por amor.

A través de tu propósito interior podrás extenderte hacia el propósito exterior, ya que si vives sintonizado con tu propósito, cualquier cosa que puedas plantearte tendrá un sentido mucho más profundo y obtendrás una mayor comprensión del Todo.

Cuando descubres que tu propósito de vida es hacer lo que haces en este preciso instante y vives el presente, tu mente se libera y accedes al infinito potencial que hay en ti.

No existe el futuro; lo único que existe siempre es el ahora. Cuando acabas de leer esta palabra, ya no es presente, ya es pasado. Cada palabra que has leído, incluso esta, ya está en el pasado. Entonces ¿qué es lo único que permanece? El presente. Desde el presente vamos creando el futuro, pero el futuro siempre es presente también, ya que no puedes estar en el futuro y en el presente a la vez.

El pasado pasó, el futuro depende del hoy; por tanto, vivamos el presente y disfrutemos cada segundo como si fuera el último. Un problema se soluciona en el momento adecuado. No le des vueltas porque mientras lo hagas estarás dejando de vivir el momento presente.

No te castigues con el pasado. No te juzgues; lo hiciste lo mejor que supiste. Ten por seguro que no hay casualidades sino causalidades, todo forma parte de un plan divino escrito para ti y tu aprendizaje. Eres libre de elegir y lo que elijas en este mismo presente será parte del futuro. El pasado ya pasó y en el presente todas aquellas situaciones que no hayamos aprendido se irán volviendo a repetir; por lo tanto tienes nuevas oportunidades de cambiar las cosas continuamente. Y lo mejor es que, si las resuelves, sanarás todas las vidas, la de ahora, y si crees en otras vidas, también esas quedarán sanadas.

Hay personas que buscan en sus vidas pasadas para comprender por qué están así ahora. Da igual que creas o no creas, que busques o no busques; si has de saber algo de todo eso ten por seguro que se te dará.

«Cuando el alumno está preparado aparece el maestro»

No lleves todo el peso del pasado encima; escoge solo este presente. Aquí. Ahora. Aligera tu carga. Si algo crees que no hiciste bien y no puedes quitártelo de la cabeza, piensa: «¿Si hubiera sabido hacerlo mejor, acaso no lo habría hecho?» Y «¿quién dice que no lo hice bien? ¿Con qué baremo juzgo?» Igual necesitaba eso para mi aprendizaje.

Así que vivir el presente es ahora tu propósito de vida.

EL NIÑO INTERNO
α.Ω

Un día, sin saber por qué, decidimos dejar de ser niños y desde ese mismo instante empezamos a sufrir inconscientemente.

Dejamos de ver la vida con la inocencia de un niño; dejamos de compartir así, sin más, pues nos enseñaron a atesorar; empezamos a juzgar porque la mayoría de las personas es lo que hacemos: desconfiar de los demás, ver a los otros como extraños –muchísimas personas hemos oído aquello de «no te fíes de nadie»–, así que eso ayudó a que los viéramos separados de nosotros, ya no iguales; empezamos a penetrar en un mundo oscuro lleno de miedos, dudas, ego, de todo menos amor, eso que nosotros hasta hace poco conocíamos muy bien siendo niños.

Empezamos a hacernos preguntas y preguntas de cosas que no entendíamos y para las cuales no encotrábamos respuestas que nos consolaran ni encajaban en el esquema, y así poco a poco nos resignamos a ser mayores, y entonces dejamos de soñar y perdimos nuestros sueños, aquellos que nos hacían vibrar, que nos hacían felices. Y es así como el miedo se fue apoderando de nosotros.

¿Qué hace un niño?

Un niño es feliz simplemente porque vive el presente; él no entiende de odio, ni siquiera se siente culpable de nada hasta que nosotros empezamos a transmitirle ese sentimiento, un sentimiento que llevamos impregnado desde que nacemos y que al recordar no hacemos más que activar algo que ya estaba ahí.

Observa a los niños de tu alrededor, cómo se toman las cosas, cómo aman, cómo se emocionan; observa cómo son capaces de compartir, de perdonar; ellos no tienen rencor. Si actúan de una manera determinada es porque son un reflejo de nosotros mismos. Si los observas detenidamente podrás viajar hacia ese niño interno que perdiste, o más bien que un día decidiste dejar olvidado.

Estamos en un mundo en el que creemos que siempre hemos de pagar por lo que tenemos, cuando hay muchísimas cosas que simplemente observando seríamos capaces de aprender por nosotros mismos, ya que en nuestro interior reside toda la memoria de nuestra esencia y solamente hay que volver a reconectar con ella.

Volver a ser niño es una decisión; es decidir volver a ver todo con inocencia, asombrarte por todo, emocionarte, dejar de juzgar. Recuperar esa parte y sanar la culpa son los dos pasos principales que considero necesarios para volver a ser feliz.

Seguramente muchos estaréis pensando que si lo hicierais os tratarían de locos. ¿Y qué?

Si a un niño de dos o tres años le cuentan que otro niño ha dicho esto o lo otro de él, ¿creéis que le importará o entenderá algo? Ni siquiera le preocupará lo que digan de él, y seguirá estando feliz y haciendo lo que hacía o quizás irá a aclarar cara a cara qué se ha dicho y solucionar la situación. No dejemos que los comentarios nos destruyan.

Os voy a explicar cosas que hacen los niños y que yo aprendí a través de mi hija Désireé.

Cuando ella nació vivía al lado nuestro un matrimonio que tenía una hija de casi tres años, Mónica. Ellos eran oriundos de china pero vivieron en La Seu d´Urgell muchos años hasta marcharse a Barcelona.

A mi hija y a la suya las llevábamos juntas muchas veces al cine, a las fiestas de niños, a pasear, a jugar a casa, ya que sus padres tenían un restaurante y trabajaban mucho. Son unas grandes personas, con un corazón extraordinario. Era muy impactante ver a dos niñas de la mano, una muy morena china y la otra muy rubia con ojos azules. Nunca ninguna de las dos me preguntó por qué físicamente eran tan diferentes o hablaron de razas, color o religión. Ellas solamente entendían de amor. Los niños no nacen con prejuicios.

Recuerdo una historia muy divertida suya y es que Mónica, al ser tres años mayor, cuando llegaron ese año los Reyes le dijo a Désireé que ya no iba a llevarles la carta porque le habían dicho que los Reyes no existían. Pues Désireé llegó a convencerla de que sí que existían y ese día las dos volvieron a llevar juntas la carta a los Reyes Magos.

Así son los niños. Sueñan y disfrutan y piden sus sueños, aunque los hayamos enfocado en cosas materiales, pero ellos piden cosas porque sueñan y a veces estas les llegan de regalo; otras veces no, pero no se enfadan, lo aceptan porque los Reyes son mágicos y si no han podido traer algo ellos saben que tienen sus motivos. Si no perdiéramos esa inocencia seguiríamos confiando en los Reyes, en lo mágico, en el Universo y seguiríamos hasta cumplir nuestros sueños y también entenderíamos que si no se realizan todos es porque el Universo tiene sus razones y así, sin enfadarnos, aceptaríamos las cosas.

Os voy a contar otra historia sobre la compasión que aprendí también de mi hija:

Mi abuelo se quedó sin vista a causa de la diabetes a una edad avanzada. En su casa se sentaba en el patio a tomar el sol con su bastón. Désireé tendría unos tres años o menos. Pues bien, cada vez que el abuelo se despistaba, ella iba a la cocina y buscaba algo de comer y se lo llevaba y en cuanto él abría la boca mientras hablaba ¡zas!, ella se lo metía dentro, ya fuera una magdalena, un trozo de pan o de chocolate, daba igual.

El abuelo Julián decía: «La chiquilla esta, que no hace mas que darme de comer cada vez que me descuido». Un día yo le pregunté que por qué le llevaba de comer al abuelo. Y ella me contestó: «Por si tiene hambre mami, que él no ve y no puede ir a buscarlo», en su media lengua. Eso es compasión. Ellos actúan de la mejor manera que saben, y es de una manera natural y sin prejuicios. Nosotros hemos crecido demasiado y nos hemos vuelto muy desconfiados. La mayoría somos incapaces de actuar. Pasamos por la calle y hay montones de personas pidiendo; somos incapaces de mirarlos y sonreírles o decirles «hola, buenos días». Eso lo hacen los niños. No necesitamos ir con la cartera todo el día dando dinero; a veces una sonrisa con amor es el mejor regalo y eso no cuesta nada.

A lo largo de toda mi vida ha habido personas que han juzgado lo que he hecho y lo van a seguir haciendo: que si tuve a mi hija en casa; que si dejé de trabajar después de diez años; que si tenía dinero o si no tenía; que si tenía un novio, unos porque les gustaba y otros porque no... ¿Por qué?

Pues porque todo aquello que no podemos entender hemos de pasarlo por nuestro filtro para poder darle un sentido que sea afín a nuestras creencias y mochilas. No somos libres para aceptar, respetar y amar al otro haga lo que haga. Y eso es porque hemos perdido nuestra parte de niños y de inocencia. Como dije anteriormente, hagas lo que hagas te criticarán, pero de ti depende que limites tu vida por ello o que eso te haga más fuerte para seguir hacia adelante.

Si me preguntarais si me he equivocado muchas veces pues la verdad es que estoy tranquila de haber llenado mi vida como lo he hecho pues todo han sido aprendizajes. Si no he obtenido el resultado esperado, he aprendido, y nunca me reprocho haber actuado de una u otra manera. Sé que a veces me podía haber evitado algún sufrimiento que otro, pero también sé que hay cosas que se escapan a nuestro entendimiento y que a veces has de vivirlas hasta que han dolido lo suficiente como para querer cambiarlas con fervor. Sí os diré que el 90% de lo que he hecho con completo convencimiento me salió bien y hoy en día, si tuviera que marcharme, me marcharía feliz de haber completado casi todos los «y si...» que me he planteado en la vida.

Por eso, recuperar la parte de niño con responsabilidad es importante para conectarte con tu esencia y alcanzar aquello que te hace feliz.

Mi última locura es escribir este libro. Salir a la luz en cierta manera y eso, la verdad, asusta un poco. Pero no quiero quedarme con ese «y si...» de por vida, así que he decidido vivir el presente y volver a ser niña para hacer lo que en este momento me hace feliz.

No hemos nacido con prejuicios; los prejuicios nos han llegado a través del miedo. Nacimos con amor, así que desterremos toda esa mochila que nos han cargado a las espaldas, no porque yo tenga la verdad absoluta diciendo esto, sino porque vosotros queráis aligerar peso y ser felices de verdad.

No juzgues ni culpes a la situación o a las personas que crees que te hicieron perder esa parte de inocencia; la decisión ahora es tuya y puedes hacerlo, puedes retomar la inocencia nuevamente.

Si vives el presente, si te comportas como un niño con la responsabilidad de un adulto, si eres capaz de dar y recibir, de emocionarte por lo que la vida te trae día a día, minuto a minuto, segundo a segundo, sin juzgar, simplemente siendo, aceptando, disfrutando, serás una persona feliz.

Podemos hacer mil cursos para encontrar la felicidad, pero hasta que no decidamos de verdad, aquí y ahora, sanar la culpa y retomar esa parte de niños, no lo estaremos porque siempre habrá algo dentro nuestro que no sabremos qué es pero que nos recordará que aún no hemos dado la mano a nuestro niño.

La frase «dejad que los niños se acerquen a mí», ¿no será porque cuando vuelves a ser niño vuelves a recuperar esa parte de inocencia, de no castigarte, de no juzgarte? Simplemente existes, sin ego, tal y como eres en esencia. ¿No será que entonces vuelves a reencontrarte con tu propio Paraíso, que vuelves a formar parte del Todo, de Dios? Y ¿no será tal vez que tú eres también una parte de Él, de ese Dios, un hijo de Dios, un ser completo libre de culpa, de felicidad y de amor?

¿Y si yo te dijera que no eres más ni menos que ese que está ahí encerrado en una cárcel, el ladrón que te hace de espejo, el corrupto, etc.? Todos están ahí para aprender algo. Quizás el que crea en otra vida pensará que ha podido hacer cosas como ellos; quizás, el que no crea, en un momento u otro puede que lo haga, pero todos algún día experimentarán también eso que tú experimentas leyendo este libro. Un día volverán a conectar con su esencia, volverán a retomar esa parte de niño y a liberarse de la culpa y descubrirán que nunca fueron excluidos ni expulsados de su esencia, sino que siempre fueron, son y serán una parte divina del Todo.

> *«Los niños hallan todo en la nada;*
> *los hombres la nada en el Todo».*
>
> G. C. Leopar

Te invito a empezar a vivir desde ahora. El pasado ha sido aprendizaje; ahora decides y construyes tu vida nuevamente desde este momento presente. Puedes hacer una lista con lo que quieres llegar a conseguir; no importa si está relacionado con tu pareja, el trabajo, la salud... luego ofréceselo al Universo para que conspire a tu favor y se ponga en marcha. No te aferres a esa lista; ya está hecha, déjala ir y en cada momento tendrás situaciones sobre eso que tú tendrás que gestionar y sobre las que tendrás que decidir para llegar a la meta. Para que funcione tienes que esforzarte en plasmarla en un papel y así será más fácil que se materialice.

Te invito a traspasar el miedo. El miedo nos paraliza y nos deja inactivos. Vivirás las cosas igualmente. Quizás el miedo no se te vaya a ir del todo pues aparece cuando te diriges hacia lo desconocido, algo que no conoces en cualquier situación. Por ejemplo, cuando vas a sacarte el carnet de conducir tienes miedo, pero una vez que lo consigues este ya se habrá pasado. Habrás ampliado esa «zona de confort», como se llama también, y dejarás de tener miedo pues ahora esa situación ya la conoces.

Todos tenemos miedo, aunque no lo parezca, pero solamente aquellos que deciden actuar y tener la valentía para hacer lo necesario, consiguen superarlo. Que el miedo te sirva simplemente para ser prudente.

A través de las personas que han llegado a mi consulta, he descubierto que la valentía es uno de los valores, que tengamos o no, hemos de gestionar para hacer los cambios, si es que queremos hacerlos; para los que no son valientes todo se queda en ilusiones o sueños no cumplidos. A los que arriesgan, les saldrá mejor o no, pero si lo que les sucede lo toman como un aprendizaje siempre se sentirán más completos y felices con ellos mismos, y además crearán el espacio necesario para que las cosas ocurran. Sin valentía no hay acción y sin acción no hay resultado.

Valentía no significa hacer grandes cosas; a veces son pequeñas cosas como decir un «no» a tiempo o un «¡basta ya!» Los grandes cambios la mayoría de las veces comienzan por pequeñas cosas.

Te invito a no juzgar. Juzgar nos quita fuerza y poder. Cuando juzgamos estamos dejando de ser nosotros mismos, estamos perdiendo nuevamente nuestra parte de niños y dando el poder a los demás. Quizás eso no se consiga en un día, pero sí podemos ir tomando conciencia de ello cada vez que nos damos cuenta de que lo estamos haciendo hasta convertirlo poco a poco en un hábito. Cuanto menos juzgues menos te importará que otros lo hagan contigo y menos juicios harán ellos. Actuar no es más que tomar responsabilidad sobre tu vida.

Te invito a ser tu mismo. No importa lo que otros digan, sean familia o no; lo importante es lo que tú quieres hacer con tu vida. Estás aquí y ahora y no has venido a desperdiciarla. Cada vez que haces algo por considerarlo un bien para ti, no haces daño a los demás; otra cosa es cómo lo gestionan ellos pues cuando uno se mueve todo se mueve alrededor, pero que lo entiendan o no y cómo lo gestionen ellos es algo que tú no puedes cambiar, no te pertenece y no es parte de tu historia. Si solo haces caso a los demás y no a ti mismo siempre estarás incompleto y serás dependiente de otros. Puedes pedir consejos y valorarlos, pero la decisión es solo tuya. Los consejos gratuitos que no pidas y te den para potenciarte el miedo, la duda y todo lo demás no los escuches; solamente valora los que has pedido y a quien se lo has pedido.

Las estadísticas dicen que un 33% de personas estará a tu favor, un 33% no lo estará, al otro 33% les dará absolutamente igual lo que hagas y el 1% que falta serán los incondicionales que te respetarán, hagas lo que hagas.

Si no sabes qué hacer en un momento dado, pide ayuda a tus guías o a tu ángel de la guarda, o a aquellos seres de luz a los que tú profeses confianza o devoción y actúa desde el corazón. Desde el amor no puedes equivocarte.

Y ahora te invito a descargarte un audio que incluye una meditación para conectar con tu niño interno. Puedes hacerlo con ayuda de este bidi:

Hemos hablado de recuperar nuestra parte de niño y aprender de ello, pero ¿cómo podemos ayudar a nuestros hijos a que ellos no la pierdan?

Hoy en día la sociedad parece que ha delegado la educación de los hijos en los maestros.

Como comentábamos, en la antigüedad la educación era compartida y todos colaboraban si veían que un niño hacía algo irresponsable. Hoy los padres son los primeros que ven que sus hijos hacen cosas de una falta de respeto auténtica, como pegar a otros niños, y escuchas palabras como «que aprendan a defenderse», «son cosas de niños», «qué raro, mi hijo nunca hace eso». Con explicaciones así bien podemos imaginar que en casa no estaremos dando la responsabilidad ni la educación adecuadas a nuestros hijos, esperando que lo hagan los demás y estaremos echando balones fuera culpando a los maestros, al sistema, a los demás niños...

Si los hijos ven esa manera de actuar tan irresponsable en sus propios padres ¿qué creemos que aprenderán?

Les compramos todo lo que piden: móviles a edades tempranas, ordenadores, «tabletas» y seguimos complaciendo sus deseos cuando ya son mayores, dejando así que acaben diciéndonos cómo hemos de llevar nuestra propia vida y terminando convirtiéndonos en esclavos suyos, de sus caprichos y de sus irresponsabilidades de las cuales nosotros somos los auténticos responsables.

Seguramente no acabaríamos con todas esas actitudes si educáramos solo en casa pues cada cual viene a este mundo con un carácter y un aprendizaje con el que, sí o sí, se encontrará durante la vida, pero con una buena educación sí ayudaríamos desde casa a que nuestros hijos aprendieran a gestionar sus experiencias personales y a vivir a partir de sus propias decisiones.

Bajo mi punto de vista hay cosas que creo que son importantes:

- Dejémosles ser niños cuando son niños. No les digamos «eso no existe» o «esto otro no es verdad» o «no conseguirás aquello que quieres». Hay cosas que ellos ven y nosotros no y no por ello no son verdad

- Valoremos las cosas buenas que hacen, pero no con premios, como muchas veces hacemos, sino como un reconocimiento a su alma; así potenciaremos su esencia y aumentaremos su autoestima

- Sepamos decir «no» a tiempo. A veces vienen y dicen «quiero esto» porque el amigo lo tiene y ellos no van a ser menos; pues bien, muchos de nuestros hijos están esperando un «no», están deseando ver a unos padres seguros de sí mismos, que no cambian de idea a la mínima y que a la vez reconocen que se han equivocado cuando creen que podrían haber hecho las cosas mejor. Deja que tu hijo te vea como un ser humano

- Procura no juzgar a los demás delante de ellos. Los niños aprenden de los mayores y el juicio es una de las cosas que lleva directamente a la infelicidad

- No les inculques el miedo y la desconfianza hacia todo y hacia todos. Hay que ser prudentes y estar alerta pero no miedosos

- Ayúdalos a ser valientes, a que no les importe un fracaso, sino que lo importante para ellos sea volver a intentarlo. Cuando quieran hacer algo como estudiar una carrera o un oficio, aunque a ti no te guste, apóyalos. Es su vida, y la vida se hace muy corta o muy larga según estás cerca o lejos de aquello que te gusta. Tú ya tuviste tu oportunidad y si quieres cambiar algo aún estás a tiempo

- Déjales existir como son. No los reprimas cuando hacen cosas que para ti son ridículas porque para ellos no lo son y están más en conexión con su esencia que los mayores

- Acepta a tu hijo como es. No pretendas que sea una copia de otro. Busca sus propios valores y poténciaselos. Todos son únicos e importantes. No pretendamos que los hermanos sean y actúen igual porque, aunque la educación sea la misma, las herramientas con las que han venido a esta vida pueden ser diferentes y cada uno ha de gestionar cosas diferentes para su propio aprendizaje

- Ante todo sé un padre o una madre que marque límites. No somos colegas de clase, no somos amigos de copas, somos sus padres y nos eligieron para educarlos, aunque a veces parezca que se nos ha olvidado. Amigos encontrarán en todas partes y de todas las clases, pero en casa necesitan padres, y un padre no tiene por qué hablarle a su hijo con imposiciones; puede hablarle con amor y cariño y explicarle las cosas con sabiduría, y si no sabe algo simplemente decirle «no lo sé, pero lo buscaré para saberlo»

- Y si por casualidad estás divorciado, no hables mal de su padre o de su madre delante de él. Tú has convivido mucho tiempo con una persona y él no puede entender que ahora esa persona sea mala. Seamos adultos responsables. Ninguno de las dos partes tiene por qué ser mala, simplemente vivisteis esa experiencia y lo hicisteis lo mejor que supisteis. No inculquemos el rencor y la venganza utilizando a los niños. Si amas a tu hijo de verdad, evítale problemas. El amor verdadero no se dice de boquilla, sino que se demuestra. Practica con el ejemplo

LOS REFLEJOS
α.Ω

Somos agua en un gran porcentaje. El agua es el componente principal de nuestro cuerpo. Aproximadamente el 70% de nuestro cuerpo está formado por agua. El 65% de ella se encuentra en el interior de las células y el resto está en la sangre y baña los tejidos.

El agua es imprescindible para la existencia del ser humano que no puede estar sin beber más de cinco o seis días sin poner en riesgo su vida.

En un 70% somos agua y nos reflejamos en los demás; así, lo que estamos viendo en otra persona no es más que un reflejo de nosotros mismos, lo positivo que más nos gusta y lo que menos nos gusta de nosotros. Todo lo que vemos son partes de nosotros mismos; el otro lo único que hace es reflejar esas partes.

Si nuestra agua está calmada y serena reflejará calma y serenidad; si por el contrario está turbia y alborotada, atraeremos personas que nos reflejarán justamente eso para que veamos dentro de nosotros mismos y podamos sanarlo.

¿Qué enturbia el agua? Las emociones, los sentimientos, todo aquello que no tenemos suficientemente resuelto enturbia nuestra agua y nos hará atraer a personas afines a esa situación en ese momento.

Hay una correspondencia entre tú y yo al mirarnos, entre cualesquiera personas al mirarse. Tú aportas, yo aporto y ninguno de los dos queda indiferente. Aunque no haya palabras, al mirarse dos personas siempre hay esas respuestas. A veces en el metro –aunque cada vez menos– hay una persona que está observando. No mira el móvil como la mayoría que entra al vagón y no se entera de que existe nadie; parecen autómatas, suben, bajan, pero son incapaces de contestar si se les pregunta quién ha pasado por su lado. Aún y así todas esas sensaciones que te provoca el mirar a cada uno de ellos, no te dejan diferente. Todos te reflejan algo, algo que te habla a ti solamente, pues a veces vamos varias personas en grupo y hay cosas que solamente molestan a uno y a los demás no, y eso es que el mensaje era para ese. Aquello que te molesta refleja algo de ti mismo que has de gestionar.

Muchas veces admiramos cualidades en otra persona y no nos paramos a pensar que aquello que admiramos es también una virtud nuestra.

Voy a lanzarte una pregunta: ¿a quién o qué admiras? Puede ser una persona real o de ficción, incluso un monumento... ¿Qué hace que admires a esa persona o ese monumento? Busca los valores en positivo, y cuando los hayas descubierto, quiero que sepas que esos valores los admiras precisamente porque tú también los tienes.

Otra pregunta... ¿qué es lo que no soportas? La mentira, la desconfianza, la debilidad, etc. Pues pon esa palabra en positivo: la sinceridad, la confianza, la valentía, etc. Eso que has puesto en positivo también son algunos de tus valores. Quizás los estés utilizando en positivo o quizás no; lo que sí es seguro es que no serás feliz hasta que no los retomes en ti.

Por ejemplo, igual alguien es un mentiroso empedernido y lo que más odia es la mentira. ¿Es una incoherencia? No, simplemente él ha escogido el valor en negativo, así que se encontrará personas que siempre van a reflejarle eso hasta que lo sane y pueda retomar ese valor principal suyo; entonces estará feliz y dejará de encontrar personas que constantemente le reflejen la mentira.

Así funciona el reflejo.

Mientras sigamos engañándonos a nosotros mismos, buscando culpables de todo fuera, siempre habrá personas que te harán de espejo –vecinos, asesinos, ladrones, políticos, estafadores– y cuántos más haya más querrá decir que somos irresponsables con nosotros mismos, ya que necesitamos de todos esos espejos para gestionar nuestra «agua», o sea, a nosotros mismos, para volver a retomar nuestra esencia pura. Si nosotros nos robamos la propia libertad, siempre habrá alguien en la cárcel para recordárnoslo. Si estamos matándonos en vida y vamos sin voluntad por ella, como zombis, habrá asesinos que te recuerden tu propia muerte. Mientras nos estemos «robando» en algún nivel de nuestra alma, o mejor, dejándonos robar la expresión, la libertad, la acción, cualquier cosa, habrá ladrones en las prisiones.

Solamente hacen de espejo nuestro, recordándonos lo que estamos haciendo nosotros en algún nivel y ese, ese que a ti te dé más rabia, ahí es en donde tú estás actuando contigo mismo de alguna manera inadecuada.

No creamos que nosotros no podemos robar o matar. Me juego cualquier cosa a que si cogieran a tu hijo y defenderlo implicara darle un palo a cualquiera lo harías, aunque eso implicase acabar con su vida.

Y con esto evidentemente no estoy defendiendo ni mucho menos actitudes como matar, engañar, robar, ni muchísimo menos; simplemente mi punto de vista es que si tenemos todo eso es porque lo necesitamos hasta que seamos capaces de actuar de modo diferente. Siempre habrá almas que se prestarán a asumir esos papeles. Papeles que nadie quiere para que podamos aprender a limpiar nuestra agua; que su reflejo no sea más que el amor, la compasión, la felicidad y el agradecimiento infinito por estar vivos y ser capaces de entender el ciclo de las cosas.

¿Quién desearía un papel como el de Judas? Pero gracias a él hemos aprendido muchísimas cosas. Quizás no fue el que menos lo amó, sino el que más para elegir ese papel y que todo ello pudiera pasar a la Historia. A veces me lo pregunto.

Nos han vendido la Biblia como si todo lo escrito fuera verídico tal cual, a rajatabla, pero deberíamos abrir un poco la mente para leer su trasfondo. Al fin y al cabo fue transcrita a lápiz y papel por hombres, y ya sabemos qué pasa con todas las traducciones que no hace el propio interesado...

Así, nuevamente hemos de coger la propia responsabilidad y no echar siempre balones fuera.

«Todo reflejo externo es un reflejo de nuestro interior; así pues, mirémonos al espejo con valentía y caminemos hacia la verdadera esencia de nuestra alma».

EL YO CUÁNTICO
α.Ω

Si todos somos Uno, ¿dónde está mi «yo cuántico»?

He descubierto que en muchos lugares. Cualquier persona que esté en un nivel elevado de conciencia puede ser mi «yo cuántico».

Hasta hoy siempre me imaginaba a mí misma en otro lugar, perfectamente sana e iluminada, pues, aunque eso existe porque en la unidad todos formamos esa gran energía de luz, cada persona que posee una conciencia elevada puede ser parte de mi yo cuántico; los maestros ascendidos y las personas encarnadas aquí en la Tierra que me aporten visiones posibles para ser parte de esa gran energía.

Si todos somos Uno todos son parte de mí misma y vuestra también.

Imaginaba siempre que si accedía a mi yo cuántico recuperaría la salud completa, y resuelta que acceder a otras partes de tu yo a través de maestros o personas de elevada conciencia también puede curar un cuerpo enfermo.

Os contaré una cosa que no he contado a casi nadie hasta hoy.

Trabajé varios años, como he dicho, en un hospital. Allí conocí a un médico que, aunque no hablábamos mucho nos teníamos cariño porque percibía una sintonía entre ambos cuando comíamos juntos el día de guardia o cuando coincidíamos en cualquier lugar. Nunca hablamos de nada profundo ni de nuestras vidas ni de nada de todo esto. Pues bien, yo me fui después de diez años y un día me enteré que estaba enfermo y tan pronto como me enteré, él había muerto, bastante joven a mi parecer. En ese tiempo yo tenía como un bulto en el cuello por dentro; estaba dudando de si ir al médico o no, podía tocármelo desde fuera y todo y era bastante grande ya y cada vez lo era más, pero a mí me cuesta ir a los hospitales, así que estaba esperando el momento oportuno. Así iba pasando el tiempo, ya meses.. Mientras, por las noches enviaba pensamientos de luz a ese médico. Una noche soñé que aparecía, bisturí en mano, a «operarme». Solamente sé que yo confiaba en él y así fue. Por la mañana dije: «qué sueño más raro» y me toqué el cuello para ver qué había pasado y como por arte de magia el bulto había desaparecido. Hace ya muchos años de eso y nunca más ha vuelto a aparecer.

Como esa historia, en otros ámbitos, han pasado muchas en mi vida.

¿Podría decirse que no era más que una parte de mi yo cuántico quien me curó?

Algunos de los que leáis este libro quizás penséis que esto puede ser verdad o no. Yo no pensaba explicarlo porque ni siquiera me acordaba de ello ya después de tanto tiempo. Supongo que no lo hago para que nadie me crea sino para al menos crear la duda en los que no creéis que algo así es posible porque ha pasado muchas veces y no a mí, sino a miles de personas que podrían explicar cosas parecidas.

Quizás yo esa noche accedí a mi yo cuántico, a esa luz de energía que todos formamos y quizás él no fue más que un intermediario para que eso fuera posible.

Si os es posible visualizaos perfectos; siempre podéis hacerlo desde esa luz de energía y desde allí atraerlo todo a vosotros. Pero hay una cosa muy importante para que eso pueda ser posible y es la responsabilidad.

Nos paseamos de médico en médico, de terapeuta en terapeuta o de sanador en sanador y nadie nos cura (aunque a veces hay cosas marcadas por las que uno ha de pasar, pero esa ya es otra historia). Oímos que a muchas personas les ocurre eso mismo. Podemos entonces preguntarnos si hemos asumido la responsabilidad de nuestra vida o estamos delegándola en todos los demás. Si aceptamos nuestra parte de aprendizaje, si somos responsables de nosotros mismos, las maneras de sanar ocurren. Por el contrario, si esperamos a que algo se nos solucione desde fuera dejando la responsabilidad en manos de otros o juzgándolos diciendo que son malos médicos o terapeutas... ¿creemos de verdad que todos son malos cuando a algunos les funciona?

Podéis pensar ahora que yo estoy curada de todo y perfectamente bien, pero no. Tengo muchísimas cosas resueltas, gracias a Dios, pero la vida es un aprendizaje y siempre aparecen más. La vida es como una película en donde la sorpresa y la intriga están aseguradas hasta el final y cuando nos toca siempre nos toca aquello que no sabemos resolver pues resolvemos fácilmente lo de los demás pero lo nuestro nos cuesta.

Y si aparecen más cosas, acepto mi propia responsabilidad y reconozco que lo que tengo es porque yo lo genero, lo atraigo o lo he de resolver por algo que no he aprendido aún. No culpo al médico que no me cura o al terapeuta, sino que miro a ver qué emoción, desde dónde y cuándo la tengo y qué ha podido pasar en mi vida que me haya generado esa situación. Y, sobre todo, no hay que juzgar, pues juzgar es no hacerte responsable de tu propia vida y así no puedes sanar nada físico ni mental, ni siquiera material.

Yo también me enfado porque soy humana. Al principio, cuando algo pasa, la primera reacción es enfadarte y eso es normal y estás en tu derecho, pues hemos de poder expresar y reconocer lo que nos pasa. No debemos tragarnos todo y, como queremos ser buenas personas, esconder lo que no nos gusta y lo que nos está ocurriendo. Después de ese primer enfado llega la aceptación y desde ahí ya serás capaz de encontrar la calma y responsabilizarte para pasar a la acción.

Así que respecto a alcanzar tu yo cuántico te diré que ya lo tienes, pues está dentro de ti. Tú ya eres ese yo cuántico en esencia; solo falta que lo reconozcas y cuanto más seas responsable de tu vida en todos los aspectos, más fácilmente lo retomarás y más fácilmente volverás a renacer.

Así que procura no juzgar nada ni a nadie, y empezar a ver a los otros como a ti mismo. Serás mucho más completo y mucho más feliz.

Todos somos parte de la gran luz y cada uno lo único que hace es acercarte un poco más de vuelta a casa, lo mismo que tú ayudas también a otros en su vuelta.

«Todos vamos por diferentes caminos pero hacia un mismo destino, regreso a casa».

MEDITACIÓN PARA RECUPERAR EL NIÑO INTERNO

α.Ω

Para hacer esta meditación sería bueno tener unos treinta minutos disponibles como mínimo en un lugar tranquilo donde nadie te pueda interrumpir. Siéntate o estírate cómodamente como tú prefieras o a lo que estés acostumbrado. Respira profundamente unas cuantas veces. Hazte consciente cuando inspiras de llevar el aire hacia tu vientre, lo más profundamente que puedas. Al soltarlo procura hacerlo suavemente.

Cuando creas necesario visualiza que al coger ese aire todo lo que no te gusta de ti lo recoges también, y al soltarlo todo eso lo sacas fuera junto con el aire. Así unas cuantas veces. No juzgues si las cosas que van apareciendo en tu mente son buenas o malas; simplemente déjalas pasar. Como ya hemos dicho, no hay nada bueno ni malo.

Cuando creas que ya has vaciado todas esas cosas, sigue respirando normalmente y retrocede en el tiempo hasta una imagen que te venga con fuerza en donde eras un niño, una imagen de un momento en el que fuiste feliz, muy feliz. A veces a algunas personas les cuesta más recordar, pero si dejas libre tu cabeza lo encontrarás ya que todos hemos tenido momentos de felicidad de niños que ahora igual no recordamos pero que están ahí.

Disfruta de esa felicidad. Deja que te recorra todo el cuerpo de arriba abajo, de abajo arriba, déjate ser felicidad. Permítete disfrutar de esa sensación.

Ahora, cuando creas conveniente, recuerda un instante, un solo momento en el que algo pasó, una circunstancia, un hecho, una palabra en la que ese niño decidió dejar de ser niño. Ese niño feliz enmudeció y se separó en dos dejando olvidado al que era feliz.

¿Qué ocurrió? Ve recordando poco a poco qué fue lo que pasó. Ve siendo consciente de las sensaciones, de los pactos que hiciste al dejar abandonado a tu niño.

No juzgues, no culpes a nada ni a nadie, ni siquiera juzgues esa situación, fue así sin más. Tú decidiste y como único responsable de lo que pasó puedes volver a decidir nuevamente. El niño estaba ahí, una imagen, una palabra, un sonido... y el niño desapareció.

Ahora eres consciente de lo que pasó, y si quieres puedes volver a recuperar a ese niño nuevamente. Ahora es el momento. Nunca murió, siempre estuvo ahí esperándote para volver a reencontrarse contigo, esperando que un día lo echaras de menos para caminar en la vida y que volvieras a recuperarlo.

Si quieres puedes tenderle la mano y acercarlo suavemente hasta el momento presente; puedes hablarle, decirle cuánto lo has echado de menos, pedirle perdón o darle las gracias por estar ahí. Todo aquello que quieras y creas necesario.

Ahora, poco a poco, tráelo al momento presente aquí contigo, y fúndete de nuevo con él. Deja que la felicidad que sentiste al recordarlo vuelva a inundar todo tu cuerpo.

Haz el firme propósito de no volver a abandonarlo nunca más, de que cada situación que se te presente procurarás verla a través de sus ojos, de su inocencia desde donde todo es posible, desde el amor que solo un niño sabe dar, sin juicios de nada ni de nadie, desde el entusiasmo, la comprensión infinita y con la responsabilidad de un adulto.

Ahora vuelves a estar con él.

Deseo de todo corazón que lo disfrutes y que la vida te sea mucho más fácil con él.

¡Gracias, gracias, gracias!

LA FELICIDAD
α.Ω

Este es un ejercicio muy sencillo para descubrir dónde está la felicidad y para que dejemos de correr tras ella. No es mío pues yo lo aprendí de otros que lo enseñan, pero es tan efectivo que lo comparto.

Escoged un lugar en donde podáis estar tranquilos y relajados.

Sentaos en la mejor posición para vosotros. Cerrad los ojos y empezad a hacer unas respiraciones profundas. No importa cuántas; cada uno que haga las que crea necesarias.

Seguid con los ojos cerrados y poned una mano, la derecha o la izquierda, en el corazón; cada uno la que le vaya mejor.

Ahora recordad algún momento de vuestra vida en el que hayáis sido muy felices, algún momento especial (da igual si fue de niño o de hace unos días); sé que a algunos os costará ver ese momento, pero también sé que todos hemos tenido uno, aunque solamente sea uno. Si no puedes recordarlo consíguelo uniendo mente y corazón porque así es como vas a encontrarlo.

Deja que esa sensación desde el corazón vaya fluyendo y recorriendo todas las partes de tu cuerpo, de abajo a arriba y de arriba a abajo, en cada órgano, en cada miembro.

Sigue así todo el tiempo necesario. Sin prisas, reviviendo todo aquí y ahora.

Cuando hayas terminado contesta a la pregunta:

¿Dónde está la felicidad?

Puedes descargarte un audio que incluye un ejercicio para conectar con la felicidad con ayuda de este bidi:

EJERCICIO DEL PERDÓN 70x7
α.Ω

Si hoy estás leyendo este libro es gracias a este ejercicio. Álvaro Remiro me lo propuso un día en su consulta.

Cuando haces el ejercicio, puede que los tres primeros días te aburra y pienses que no sirve de mucho, pero si eres capaz de acabarlo, si eres capaz de llegar al final, descubrirás algo único, potente y maravilloso, para cada cual diferente. No puedes fiarte del resultado de otro ya que solamente el tuyo podrá darte respuestas precisas y concisas en varias áreas de tu vida.

¿Cómo comienza el ejercicio?

Asegúrate de que vas a tener al menos una hora cada día para hacerlo. Solamente será durante siete días, aunque con el tiempo puedes volver a repetirlo si así lo deseas.

Siéntate tranquilo y relajado, sin que nadie te moleste. Una buena hora es por la mañana temprano y, si no puedes o crees que es mejor para ti, por la noche.

Busca una libreta un poquito grande. Empieza a escribir cosas por las cuales quieres perdonarte, hasta llegar a setenta. Debajo de cada una deja un espacio en blanco para poder contestar o si lo prefieres contesta de una en una. Yo personalmente las escribí todas y luego las contesté, porque a veces te aparecen unas cuantas a la vez y así no se te olvidan.

«¿Setenta cosas?» me pregunté. Para mí eso era imposible; «no me saldrán»... Pues tranquilos, sí salen. Al día siguiente, a mi hermana, que estudiaba entonces con Álvaro, le pregunté si tenían que ser setenta diferentes cada día. Cuál fue mi sorpresa al descubrir que las que tenía que poner durante los siete días eran las mismas.

Empieza siempre la frase así: «Yo me perdono por...»

Debajo vas a poner solamente lo que sientas en ese preciso instante sin pensar, sin darle vueltas, simplemente lo que se te venga a la cabeza aunque sea algo que no te atreves ni a poner. No te preocupes, ha de salir, es normal. Verás que a medida que pasan los días la contestación es diferente.

Os pondré un ejemplo de cosas que a mí me salieron que jamás pensé que me habían afectado:

Día 1: «Yo me perdono por no estudiar la carrera que querían mis padres».

Contestación: «Que la hubieran estudiado ellos».

(...) 70. «Yo me perdono por haber tirado mi muñequita azul».

Contestación: «Creí que ya era mayor para ello».

Así hasta setenta cosas con sus setenta respuestas.

Días 2, 3, 4, 5, 6, 7: son las mismas setenta cosas pero lo que va cambiando son las respuestas. Sobre todo a partir de los primeros días, y si eres capaz de dejar quieta tu cabeza. No puedo explicar mi experiencia final para no influir, pero si de ahí surgió este libro podéis imaginar que no fue por las contestaciones que me salieron el primer día.

Puedes copiar las setenta preguntas para todos los días como hice yo, puedes hacerlas de una en una, no importa. El resultado final es lo importante y muchas veces impactante. Vale la pena el esfuerzo.

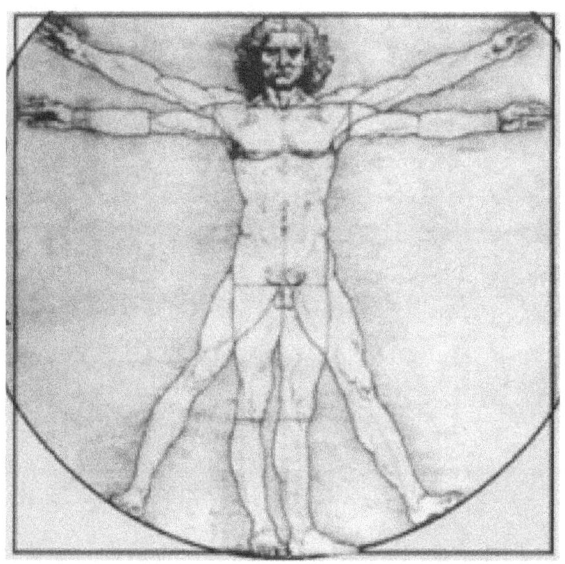

«*Retomando la esencia*».

AGRADECIMIENTOS

Agradezco de todo corazón a los maestros del cielo que me han dictado este libro pues hay cosas que me han sorprendido a mí misma y que no sabía, así que estoy convencida de que mis guías o maestros tienen mucho que ver con todo esto.

A Jesús, que desde que yo recuerdo de muy jovencita siempre ha estado conmigo. De noche soñaba que me sentaba en sus rodillas y él me abrazaba; me enseñaba donde estaba, donde vivía, me consolaba cuando nadie sabía ni me entendía. Siempre me ha acompañado esa imagen. No es que sea muy religiosa ni practicante; ni siquiera me considero de una religión concreta ya que de todas me gusta algo, pero desde siempre he visto que hay una única verdad dividida en varias religiones y en todas ellas en el fondo con el mismo principio de partida, así que siempre he percibido que todas a su manera hablan de lo mismo, buscan lo mismo y van hacia el mismo fin y por eso para mí la única religión es el amor.

Agradecer a los maestros de la Tierra: los primeros y más grandes, mis padres Santiago y Dionisia, pues si hoy soy así es gracias a ellos. Me enseñaron la generosidad, la compasión y el amor. Siempre había un plato de comida de más en nuestra casa para todo el mundo y una cama donde dormir, aunque tuviéramos que apretarnos más. Gracias. No habría podido tener otros maestros mejores. Los padres son los primeros maestros aquí en la Tierra y aunque muchos de vosotros penséis que os hubiera gustado que fueran diferentes, podéis estar seguros de que tenéis exactamente los mejores maestros para las necesidades de vuestra evolución.

De mi padre, Santiago, aprendí la constancia, la generosidad, la alegría, el amor. Es un sabio que a sus 83 años ha escrito su primer libro, sus memorias *Sigo buscando*, y que está ya escribiendo el segundo sobre la relación del Universo con los seres humanos.

De mi madre, Dionisia, aprendí la alegría, la generosidad, la valentía y la creatividad. Es una artista en todo lo que se propone y sobre todo en la cocina.

Otros maestros siempre son la familia más cercana. Carmela, como yo la llamo, mi hermana. Gracias por estar ahí cuando te he necesitado siempre. Es como si fuera mi hermana gemela, aunque no lo sea, porque nos llevamos solo veinte meses. Después de muchísimos años hemos descubierto por qué casi siempre hemos ido juntas y es que, aunque nuestra misión de vida no sea la misma, tenemos el mimo objetivo. Ella ocupada con sus visitas, ya que es una excelente terapeuta. No lo digo yo sino la cantidad de personas que han podido comprobarlo y están felices de haber acudido a ella. Entre muchas cosas, ejerce de naturópata y es creadora de *Esencias del alma* cuya base son los arquetipos de personalidad, y es reflexóloga, sanergista, investigadora, etc. A pesar de que pueda parecer una persona muy independiente tiene una gran generosidad y un gran corazón. Si alguien la necesita en un momento puntual, allí aparece. Ha sido una gran bendición tener una hermana con una calidad humana así.

Désireé, mi hija. Excelente artista, cantante y bailarina. Ella me ha enseñado millones de cosas. Siempre digo que es un regalo del cielo. Aún recuerdo cuando la vi por primera vez: ni lloraba, solamente me miraba con esos grandes ojos y ese pelo rubio como un ángel. Si no la hubiera tenido en casa como hice, habría creído que me la habían cambiado en el hospital. Siempre dándome mensajes desde pequeña. Su gran amor a las personas que sufren y a los animales la hace grande. Observad a vuestros hijos y descubriréis verdaderos maestros. Gracias, mi amor, por elegirme como madre; seguramente no soy perfecta pero si lo fuera no estaría aquí aún aprendiendo. Gracias.

Al padre de mi hija, José Antonio o Toni como algunos lo llaman. Un gran artista trabajando, restaurando casas, iglesias de una manera mágica, pues parece que se transporte al tiempo en que las construyeron, dejando tras él verdaderas obras de arte. Gracias por ser la persona que hizo posible ese gran regalo, nuestra hija.

Y no sería bien agradecida si no diera las gracias a tantos y tantos maestros aquí en la Tierra de los cuales he aprendido un pequeño camino con la gran sabiduría que me han aportado todos ellos. Félix Gracia que, aunque no nos hemos visto mucho desde que lo conocí en uno de sus cursos, mi corazón siempre ha estado con él y con su familia. Un ejemplo de amor, sabiduría, bondad y entrega. Estar delante de él es estar en la más absoluta paz. Recuerdo que el primer curso al que fui con él me lo pasé llorando, porque todo lo que decía era como que yo ya lo sabía y solamente necesitaba recordarlo para volver a reencontrarme con mi esencia, y él lo hacía posible a través de sus mágicas y sabias palabras desde el corazón. Siempre habla a través del corazón. Gracias.

A Amma, la mujer de los abrazos, que desde que la descubrí estoy deseando volver a verla cada año. Aunque la veo muchas veces en sueños, y otras sé que está cerca de mí. Gracias por bendecir este libro.

Algunos conocidos en persona en el programa de radio *Siempre y Adelante*, y otros también a través de sus cursos: Alessandro Di Masi, Eric Rolf, Gregg Braden, Denis Astelar, Robert Schwartz...

Agradezco también, cómo no, a los amigos íntimos y menos íntimos, así como conocidos de La Seu D´Urgell, pues, aunque mis padres son andaluces, yo nací en Madrid y me crié en La Seu D´Urgell desde que tenía un año, rodeada de montañas, agua, naturaleza. Gracias a todos los habitantes de allí, a la gente que me habéis hecho llorar y a los que me habéis hecho reír, a los que han compartido un día o muchos años de mi vida. Gracias.

Y a todos vosotros que en este momento estáis leyendo el libro y que, por tanto, vais a ser compañeros de viaje por un tiempo, gracias.

Y no podría mencionar el nombre de todos los amigos y nombrar a unos sí y a otros no. No me haría sentir bien porque todos y cada uno de ellos han aportado cosas a mi vida, algunos desde hace más de veinte años. Sí mencionaré especialmente a Santos Ávila, una persona humilde, sincera, auténtica, con un corazón enorme. Cuando yo empecé este libro aún no lo conocía pero él estaba escribiendo el suyo y se adelantó enseñándome a ir abriendo las puertas paso a paso mientras iba escribiendo el suyo y animándome a escribir el mío. Su libro, *Registros Akáshicos, doce herramientas para mejorar la calidad de vida y la autoestima*, fue mi primer hijo virtual pues el primer día que nos vino con el libro editado y dedicado a nosotras, mi hermana Carmen y yo lloramos como si fuera nuestro propio hermano que hubiera sido padre, y creeréis que exagero, pero todos aquellos que han tenido el placer de escribir un libro saben perfectamente lo que digo. Gracias, Santos, por todo lo que has compartido y seguirás compartiendo con nosotras.

Gracias a Thubten Wangchen por tanta sabiduría, humildad, alegría, por haberme escuchado en momentos en los que he necesitado de alguien sabio, por orientarme también y por ser como eres y demostrarlo siempre con el ejemplo. Gracias por hacer el prólogo.

A la Editorial Kolima, que fue la primera a la que le llevé el libro y confió en él. Sé que hay personas a las que les cuesta encontrar editorial o que incluso no la encuentran nunca, pero yo he tenido suerte. Gracias a Marta, con la que he ido comunicándome constantemente –y que tiene una dedicación y una paciencia extraordinarias– y a todo su equipo, hoy tenéis este libro en vuestras manos. Gracias de corazón. No sabéis lo feliz que me ha habéis hecho.

La Seu d´Urgell, Parc del Segre

«*Todos formamos una gran familia,
cada uno diferente en su manera de pensar o de actuar,
pero iguales en esencia.
Todos partimos y todos volvemos al mismo lugar,
cada uno con nuestras experiencias
pero todos con un aprendizaje.
El camino es corto y largo a la vez,
pero recuerda que nunca estás solo,
nunca has estado y nunca lo estarás*».

Te invito a pasearte por mi página web:

www.fuencampos.com

Si tienes alguna duda puedes contactarme a través del
correo: fuencoach@hotmail.com

También puedes encontrarme en Facebook e Instagram:

https://www.facebook.com/fuensanta.camposmoreno

@fuencampos

Webs que pueden interesarte:

www.casadeltibetbcn.org

www.siempreadelantefc.com

www.felixgracia.com

Aquí os dejo también estas webs para que las visitéis.
Seguro que encontraréis cosas interesantes. Pertenecen a tres
personas con las que trabajo en algunos cursos o consultas.

Carmen Campos.

www.loscoloresdelaluz.com

Santos Ávila

www.santosavila.com

Iago Coloma

www.iagocoloma.com

También os dejo la de Álvaro Remiro, gracias a cuyo
ejercicio que me envió del perdón, hoy tenéis este libro en las
manos.

www.solvealscoagula.com

Gracias por compartir un trocito de camino conmigo.

FUENSANTA CAMPOS

Diplomada en locución de radio y TV por la Universidad Ortega y Gasset. Diplomada en piano, coach, auxiliar de clínica, escritora, formadora. Experta en coaching (diplomada por ICF), resolución de conflictos, inteligencia emocional, sanergía y astrología.

Junto a su hermana Carmen Campos, dirije y presenta el programa de radio «Siempre y Adelante» desde hace cuatro años.

KOLIMA
BOOKS